战国策 隽永的说辞

钟克昌 编著

图书在版编目（CIP）数据

战国策：隽永的说辞 / 钟克昌编著. — 南京：江苏凤凰文艺出版社, 2024.6
ISBN 978-7-5594-8643-1

Ⅰ.①战… Ⅱ.①钟… Ⅲ.①《战国策》-研究 Ⅳ.①K231.04

中国国家版本馆CIP数据核字(2024)第090292号

著作权合同登记号：10-2023-166

版权所有 © 时报文化出版公司
本书版权经由时报文化出版公司授权北京时代华语国际传媒股份有限公司简体中文版，委托英商安德鲁纳伯格联合国际有限公司代理授权。非经书面同意，不得以任何形式任意重制、转载。

战国策：隽永的说辞
钟克昌　编著

责任编辑	项雷达
图书策划	宁炳辉　刘　平
特约编辑	丁　旭
装帧设计	棱角视觉
出版发行	江苏凤凰文艺出版社
	南京市中央路165号，邮编：210009
网　　址	http://www.jswenyi.com
印　　刷	北京中科印刷有限公司
开　　本	880毫米×1230毫米　1/32
印　　张	7
字　　数	163千字
版　　次	2024年6月第1版
印　　次	2024年6月第1次印刷
书　　号	ISBN 978-7-5594-8643-1
定　　价	48.00元

江苏凤凰文艺版图书凡印刷、装订错误，可向出版社调换，联系电话025-83280257

总序
用经典滋养灵魂

龚鹏程

每个民族都有它自己的经典。经,指其所载之内容足以作为后世的纲维;典,谓其可为典范。因此它常被视为一切知识、价值观、世界观的依据或来源。早期只典守在神巫和大僚手上,后来则成为该民族累世传习、讽诵不辍的基本典籍,或称核心典籍,甚至是"圣书"。

中国文化总体上的经典是六经:《诗》《书》《礼》《乐》《易》《春秋》。依此而发展出来的各个学门或学派,另有其专业上的经典,如墨家有其《墨经》。老子后学也将其书视为经,战国时便开始有人替它作传、作解。兵家则有其《武经七书》。算家亦有《周髀算经》等所谓《算经十书》。流衍所及,竟至喝酒有《酒经》,饮茶有《茶经》,下棋有《弈经》,相鹤相马相牛亦皆有经。此类支流稗末,固然不能与六经相比肩,但它们代表了在各自那一个领域中的核心知识地位,是很显然的。

我国历代教育和社会文化,就是以六经为基础来发展的。直到清末废科举、立学堂以后才产生剧变。但当时新设的学堂虽仿洋制,却仍保留了读经课程,以示根本未隳。辛亥革命后,蔡元培担任教育总长才开始废除读经。接着,他主持北京大学时出现的新文化运动更进一步发起对传统文化的攻击。趋势竟由废弃文言，提倡白话文学，一直走到深入的反传统中去。

台湾的教育发展和社会文化意识，其实也一直以延续五四精神自居，故其反传统气氛及其体现于教育结构中者，与大陆不过程度略异而已，仅是社会中还遗存着若干传统社会的礼俗及观念罢了。后来，台湾才惕然警醒，开始提倡"文化复兴运动"，在学校课程中增加了经典的内容。但不叫读经，乃是摘选"四书"为《中国文化基本教材》，以为补充。另成立"文化复兴委员会"，开始做经典的白话注释，向社会推广。

文化复兴运动之功过，诚乎难言，此处也不必细说，总之是虽调整了西化的方向及反传统的势能，但对社会民众的文化意识，还没能起到普遍警醒的作用；了解传统、阅读经典，也还没成为风气或行动。

20世纪70年代后期，高信疆、柯元馨夫妇接掌了当时台湾第一大报《中国时报》的副刊与出版社编务，针对这个现象，遂策划了《中国历代经典宝库》这一大套书。精选影响人们最为深远的典籍，包括了六经及诸子、文艺各领域的经典，遍邀名家为之疏解，并附录原文以供参照，一时社会震动，风气丕变。

其所以震动社会，原因一是典籍选得精切。不蔓不枝，能体现传统文化的基本匡廓。二是体例确实。经典篇幅广狭不一、深浅悬隔，如《资治通鉴》那么庞大，《尚书》那么深奥，它们跟小说戏曲是截然不同的。如何在一套书里，用类似的体例来处理，很可以看出编辑人的功力。三是作者群涵盖了几乎全台湾的学术精英，群策群力，全面动员。这也是过去所没有的。四是编审严格。大部丛书，作者庞杂，集稿统稿就十分重要，否则便会出现良莠不齐之现象。这套书虽广征名家撰作，但在审定正讹、统一文字风格方面，确乎花了极大气力。再加上撰稿人都把这套书当成是写给自己子弟看的传家宝，写得特别矜慎，成绩当然非其他的书所能比。五是当时高信疆夫妇利用报社传播之便，将出版与报纸媒体做了最好、最彻底的结合，使得这套书成了家喻户晓、众所翘盼的文化甘霖，人人都想一沾法雨。六是当时出版采用豪华的小牛皮烫金装帧，精美大方，辅以雕花木柜。虽所费不赀，却是经济刚刚腾飞时一个中产家庭最好的文化陈设，书香家庭的想象，由此开始落实。许多家庭乃因买进这套书，仿佛种下了诗礼传家的根。

高先生综理编务，辅佐实际的是周安托兄。两君都是诗人，且侠情肝胆照人。中华文化复起、国魂再振、民气方舒，则是他们的理想，因此编这套书，似乎就是一场织梦之旅，号称传承经典，实则意拟宏开未来。

我很幸运，也曾参与到这一场歌唱青春的行列中，去贡献微末。先是与林明峪共同参与黄庆萱老师改写《西游记》的工作，继而再协助安托统稿，推敲是非，斟酌文辞。对整套书说不上有什么助益，自己倒是收获良多。

书成之后，好评如潮，数十年来一再改版翻印，直到现在。经典常读常新，当时对经典的现代解读目前也仍未过时，依旧在散光发热，滋养民族新一代的灵魂。只不过光阴毕竟可畏，安托与信疆俱已逝去，来不及看到他们播下的种子继续发芽生长了。

当年参与这套书的人很多，我仅是其中一员小将。聊述战场，回思天宝，所见不过如此，其实说不清楚它的实况。但这个小侧写，或许有助于今日阅读这套书的读者理解该书的价值与出版经纬，是为序。

致读者书

钟克昌

亲爱的朋友：

　　虚拨一下弓弦，只凭声响，就能叫飞雁掉下来。您相信这等事情吗？且看看本书"惊弓之鸟"一则的描述吧！战国时代风云人物的特技还不止这些呢！他们只要轻轻耍一下嘴皮子，整个周边形势就被扭转了。《战国策》一书，就是许许多多三寸不烂之舌的群英会。您想知道他们是如何在战争频仍的夹缝中左右时局的吗？这本改写的《战国策》，去掉了冗长的论难以及重复的情势，更能够情趣盎然地浮现出朵朵莲花。

　　继春秋之后，从周敬王四十年（公元前 480 年）起，至秦王政二十五年前（公元前 222 年，即秦统一的前一年），凡二百五十九年，当时列国战争的形式，已由春秋时期的车战而进入步兵、骑兵的作战，空间大为扩展，时间因而延长，兵员也为之增多，攻城略地、杀敌灭国是其目的，战争的惨烈远超过春秋的争霸战。这是一个动乱的崭新的时代，凶残战祸摧毁了旧物，知识分子在无可奈何、任人宰割的情况下，唯有挺身而出，勇敢地面对现实，否则就只有沉沦。于是诸子争鸣，以悲剧英雄自居，为生民立命，遂造成了战国学术的蓬勃。另有一帮好汉，却在现实的功利旋涡中打转，鼓起舌剑唇枪，或者讨生活、成人之恶、觅金玉锦绣、取卿相之尊，或者讨公道、成人之美、倡和平弭平战祸、为人排难解纷。这帮策士、利害明晰地耸动人主，改变世局。这种勇往直前的个人主义，正是专利集权的反响，虽然大多以悲剧收场，却这般灿烂。有心人辗转描绘那朵朵奇葩，日积月累，终至于集结成演义、传奇。这种策士辩辞的辑本，就是《战国策》。

《战国策》自非一时一地一人之作，抄本有多种，名称亦不同。西汉初犹有《国策》《国事》《事语》《短长》《长书》《修书》等异称，内容编排亦多有出入，又或兼及楚、汉之争。到了西汉末叶，刘向典校秘书，按东周、西周、秦、齐、楚、赵、魏、韩、燕、宋、卫、中山等十二国的顺序，编订为三十三卷，共四百九十七章，始正名为《战国策》。《战国策》本身不是正史，却是重要的史料。太史公作《史记》，多采其说，但与今本国策不尽相同，因为司马迁写《史记》是在刘向辑录之前。我们不能根据史记来修改《战国策》，《战国策》自是《战国策》，司马迁所运用的战国史料，也不是第一手的，秦始皇早就把列国史书烧掉了。《战国策》的可贵，在于机智的言谈，它的集结，本就为了揣摩辩说，而几经润泽的优美文辞，更是两千年来散文家习作的模板。这一改写本，固然以趣味为主，也希望是今天可读性极高的汉语文学作品。

战国时代固然功利主义盛行，而正人君子亦比比皆是。本来，古今中外时时有黑暗、处处有污浊，靠着一些"明矾"的投注，多多少少澄清了混乱，靠着一些"木铎"的呼吁，陆陆续续扭正邪说。而战国时代，以杀戮为能事，罔顾民命，自是神州一大浩劫，诸如儒、墨、道、名、法诸家，皆一本悲天悯人的心怀为挽狂澜，他们的思想虽被纵横策士弃如敝屣，却振作支撑了广泛的社会民心，使人们在无辜的杀戮中犹得光明与温暖。别忘了，《战国策》是纵横家的辑本，身系民族命脉、阐扬民族文化的圣哲，都被有意垫了底，或者只字不提。本来"道"就不同，所以孔门弟子只出现曾参而被讹传杀人，所以庄周至人而无一语，所以屈原忠国而不见迹，所以孟子善辩而仅载一词，所以荀子一出而见黜，所以韩非说难而被诛，唯独墨子非攻却见效。读《战国策》，可别忘了，战国时代除了和纵横家较投合的阴阳与名家，还有许许多多的中流砥柱！

我们每个人的生命，都经历过战国时代。生命，是时间的延续，加上细胞核内基因的传递。您能否定你的祖先不是穿越过战国两百多年的时间隧道而来的吗？你我身上所负荷的生命，就是先人打从战国时代滚过来的。即使是战国以后注入中土的新生命，也饱尝了战国时代学术成果的滋养，也夹杂有战国时代已存在过的生命基因。我们祖先所谈论过的、所听闻过的、所赞叹过的、所惋惜过的言辞，如今也仍在我们生命的暗流中激荡的言辞，我们要是重温，岂不是可以唤醒古老的记忆？犹如看一张已经发黄的照片，犹如看一则早年的日记，过去的种种经验即刻从潜意识里浮现。智慧是经验的累积，"我"已活了多久，端看记忆了多久；"我"能否在现世有意义地存在，端看智慧有多少；"我"将继续留存于万万世，承前启后。除了吸收异族日新月异的科技成果，努力汲取自己先人智慧的结晶，才是启后的资本。

目录

类同窃疾（宋卫策：公输般为楚设机）/001

无功之赏（宋卫策：智伯欲伐卫）/002

贪得无厌（赵策一：智伯帅赵韩魏而伐范中行氏）/003

眩得忽祸（赵策一：智伯从韩魏兵以攻赵）/007

乐羊啜羹（魏策一：乐羊为魏将而攻中山）/008

击衣报仇（赵策一：晋毕阳之孙豫让）/009

君聋于官（魏策一：魏文侯与田子方饮酒而称乐）/012

虞人期猎（魏策一：文侯与虞人期猎）/012

白虹贯日（韩策二：韩傀相韩严遂重于君）/013

不是客人（东周策：温人之周）/016

推功及人（魏策一：魏公叔痤为魏将）/017

悖者之患（魏策一：魏公叔痤病）/018

择言而讽（魏策二：梁王魏婴觞诸侯于范台）/018

徐攻留日（宋卫策：梁王伐邯郸）/020

· 01

目录

南辕北辙（魏策四：魏王欲攻邯郸）/021

请宅卜罪（楚策一：郢人有狱三年不决者）/022

狐假虎威（楚策一：荆宣王问群臣）/022

当门而噬（楚策一：江乙恶昭奚恤）/023

美恶两闻（楚策一：江乙欲恶昭奚恤于楚）/024

黄泉专利（楚策一：江乙说于安陵君）/024

百胜之术（宋卫策：魏太子自将过宋外黄）/026

王好细腰（楚策一：威王问于莫敖子华）/027

作法自毙（秦策一：魏鞅亡魏入秦）/030

志存富贵（秦策一：苏秦始将连横说秦惠王）/031

米玉薪桂（楚策三：苏秦之楚三月乃得见乎王）/034

庆吊相随（燕策一：燕文公时）/035

阳僵弃酒（燕策一：人有恶苏秦于燕王者）/036

一策十可（齐策三：燕王死太子在齐质）/038

三人成虎（魏策二：庞葱与太子质于邯郸）/042

美于徐公（齐策一：邹忌修八尺有余）/043

臣掩君非（东周策：周文君免工师籍）/045

网鸟之道（东周策：杜赫欲重景翠于周）/045

目录

易得难用（齐策四：管燕得罪齐王）/046

变服折节（魏策二：齐魏战于马陵）/047

树难去易（魏策二：田需贵于魏王）/048

雪甚牛目（魏策二：魏惠王死）/049

日见七士（齐策三：淳于髡一日而见七人于宣王）/050

璧马止攻（魏策三：齐欲伐魏，魏使人谓淳于髡）/051

田父擅功（齐策三：齐欲伐魏，淳于髡谓齐王）/052

一语救薛（齐策三：孟尝君在薛）/052

连鸡难栖（秦策一：秦惠王谓寒泉子）/053

为我罝人（秦策一：陈轸去楚之秦）/054

移天下事（魏策一：陈轸为秦使于齐）/055

画蛇添足（齐策二：昭阳为楚伐魏）/057

俟兼两虎（秦策二：楚绝齐齐举兵伐楚）/058

黏糜困网（楚策三：秦伐宜阳楚王谓陈轸）/059

献珥知宠（齐策三：齐王夫人死）/060

说海大鱼（齐策一：靖郭君将城薛）/060

士为知己（齐策一：靖郭君善齐貌辨）/061

反客为主（中山策：司马憙使赵为己求相中山）/063

· 03

目录

行诈立后（中山策：阴姬与江姬争为后）/064

不嫁之女（齐策四：齐人见田骈）/066

明主贵士（齐策四：齐宣王见颜斶）/066

王不好士（齐策四：先生王斗造门而欲见齐宣王）/069

久坐败遇（魏策一：齐王将见燕赵楚之相于卫）/071

义渠袭秦（秦策二：义渠君之魏）/072

安敢释卒（魏策二：犀首田盼欲得齐魏之兵以伐赵）/073

跪行机筭（齐策二：犀首以梁与齐战于承匡而不胜）/074

禅让乱国（燕策一：燕王哙既立）/075

伯乐相马（燕策二：苏代为燕说齐）/077

两头得金（东周策：东周欲为稻）/078

免征甲粟（西周策：雍氏之役韩征甲与粟于周）/078

桃梗漂漂（齐策三：孟尝君将入秦）/080

糜烂齐民（燕策二：苏代自齐使人谓燕昭王）/081

鹬蚌相争（燕策二：赵且伐燕苏代为燕谓惠王）/083

东西皆贼（东周策：昭翦与东周恶）/083

反间杀人（东周策：昌他亡西周）/084

祭地为祟（东周策：赵取周之祭地）/085

目录

豺狼逐羊（秦策一：司马错与张仪争论于秦惠王前）/085

欺以六里（秦策二：齐助楚攻秦取曲沃）/087

美人纵囚（楚策二：楚怀王拘张仪）/090

自取其刺（楚策二：楚王将出张子）/091

妾妇之道（楚策三：张仪之楚贫）/091

反复诡诈（齐策二：张仪事秦惠王）/093

老妾事主（魏策一：张仪走之魏）/095

宝珠脱身（燕策三：张丑为质于燕）/095

缓于事己（宋卫策：卫使客事魏）/096

要言失时（宋卫策：卫人迎新妇）/097

相国中计（东周策：周共太子死）/098

鼎重难移（东周策：秦兴师临周而求九鼎）/098

且正言之（韩策一：颜率见公仲）/100

求千里马（燕策一：燕昭王收破燕后即位）/100

以一易二（韩策一：秦韩战于浊泽）/102

贺得贤相（秦策二：甘茂相秦）/104

息壤在彼（秦策二：秦武王谓甘茂）/105

江上处女（秦策二：甘茂亡秦且之齐）/107

目录

王不好人（齐策四：孟尝君为从）/108

谏而私宝（齐策三：孟尝君出行国至楚）/110

转祸为功（齐策三：孟尝君舍人有与君之夫人相爱者）/111

借车驰之（赵策一：赵王封孟尝君以武城）/113

借兵救魏（魏策三：秦将伐魏）/113

妒妇辣手（楚策四：魏王遗楚王美人）/116

置相乱敌（楚策一：楚王问于范环）/117

厚礼藏愿（西周策：楚兵在山南）/118

壶飧得士（中山策：中山君飨都士）/118

毁之为之（齐策三：孟尝君奉夏侯章以四马百人之食）/119

舍长之短（齐策三：孟尝君有舍人而弗悦）/120

厉气循城（齐策六：田单将攻狄往见鲁仲子）/120

义不帝秦（赵策三：秦围赵之邯郸）/122

巨室取信（赵策一：腹击为室而巨）/126

岂敢借道（西周策：三国攻秦反）/127

佯使退敌（燕策三：齐韩魏共攻燕）/127

市义营窟（齐策四：齐人有冯谖者）/128

朝满夕虚（齐策四：孟尝君逐于齐而复反）/132

目录

乐得温囿（西周策：犀武败于伊阙）／133

成败两全（西周策：犀武败周使周足之秦）／134

献秦击齐（魏策三：芒卯谓秦王）／135

卖美亲秦（韩策三：秦大国也）／136

小而生巨（宋卫策：宋康王之时）／137

倚闾而望（齐策六：王孙贾年十五）／138

一发不中（西周策：苏厉谓周君）／138

乐人之善（齐策六：燕攻齐齐破）／139

跖狗吠尧（齐策六：貂勃常恶田单）／141

免身全功（燕策二：昌国君乐毅为燕昭王合五国之兵）／143

抱薪救火（魏策三：华阳之战）／147

幸臣妖祥（楚策四：庄辛谓楚襄王）／148

龙阳涕鱼（魏策四：魏王与龙阳君共船而钓）／150

死弗敢畏（秦策三：范雎至秦王庭迎）／151

投骨斗狗（秦策三：天下之士合从相聚于赵）／154

散棊佐枭（楚策三：唐雎见春申君）／155

冠盖相望（魏策四：秦魏为与国）／155

不可不忘（魏策四：信陵君杀晋鄙救邯郸）／156

・07

目录

以生人市（赵策四：虞卿谓赵王）／157

爱子计远（赵策四：赵太后新用事）／159

问有本末（齐策四：齐王使使者问赵威后）／161

以爱殉葬（秦策二：秦宣太后爱魏丑夫）／162

不死之药（楚策四：有献不死之药于荆王者）／163

骥服盐车（楚策四：汗明见春申君）／164

火中取栗（赵策一：秦王谓公子他）／165

决踵全躯（赵策三：魏勉谓建信君）／168

制媾在秦（赵策三：秦赵战于长平）／168

王亦过矣（赵策三：魏使人因平原君请从于赵）／169

伏事辞行（赵策四：楼缓将使伏事辞行）／170

物伤其类（赵策四：秦攻魏取宁邑）／171

交浅言深（赵策四：冯忌请见赵王）／173

贵而惨死（赵策三：平原君谓平阳君）／174

郎中为冠（赵策三：建信君贵于赵）／175

买马待工（赵策四：客见赵王）／176

疠人怜王（楚策四：客说春申君）／177

奇货可居（秦策五：濮阳人吕不韦贾于邯郸）／179

目录

椎解连环（齐策六：齐闵王之遇杀）/ *182*

父攻子守（魏策四：魏攻管而不下）/ *184*

惊弓之鸟（楚策四：天下合纵）/ *185*

良商司时（赵策三：希写见建信君）/ *186*

少年老成（秦策五：文信侯欲攻赵以广河间）/ *187*

威掩于母（秦策四：秦王欲见顿弱）/ *189*

无妄之祸（楚策四：楚考烈王无子）/ *191*

说难见诛（秦策五：四国为一将以攻秦）/ *194*

图穷匕见（燕策三：燕太子丹质于秦亡归）/ *196*

类同窃疾（宋卫策：公输般为楚设机）

公输般为楚人制造兵器，准备用来攻打宋国。墨子得到这个消息，赶紧徒步迈向楚国，跋涉了万里路，走得脚底都长茧了。墨子来到楚国，就去找公输般说：

"我在宋国久仰大名，今天特地来礼聘你，要借助你的能耐去谋杀宋王。"

"我是讲道义的人，我根本就不杀人，怎么会去干谋杀宋王的差事呢！"公输般颇为疑惑。

"听说你正在大展身手，为楚人制造云梯等兵器，准备用来攻打宋国。究竟宋国有什么罪呢？在道义上不肯谋杀宋王，却肯帮人家攻打宋国，这就是说你不肯杀少数人而喜欢杀多数人！请问攻打宋国，这究竟算哪门子道义？"墨子说。

公输般被说得脸红红的，很不好意思地说：

"但是攻城器械已经造好，楚人正在加紧操练，怎么办呢？"

"不要紧，你只要带我去见楚王，就不会变成刽子手。"墨子说。

于是公输般陪墨子去觐见楚惠王。墨子对楚王说：

"假如有那么一个人，不要自己画有文彩的车子，邻居有辆破车，反而想去偷窃；不要自己的锦绣美服，邻居有件粗布短袄，反而想去偷窃；不要自己的好米好肉，邻居有些酒糟米糠，反而想去偷窃。请问这是什么样的人？"

"这一定是有偷窃癖的人。"楚惠王回答。

墨子又说："楚国土地方圆五千里，宋国仅仅五百里，这就犹如彩车和破车相比一般；楚国有云梦沼泽，布满了犀牛、野牛和麋鹿，长江、汉水出产的鱼、鳖、鼋(yuán)、鼍(tuó)更是富饶，而宋国却是一个连野鸡、兔子、鲫鱼都没有的贫瘠之地，这就好像米肉和糟糠相比一般；楚国有长松、文梓、楩(pián)楠、豫樟，而宋国却没高大的树木，这就好像锦绣和粗布短袄相比一般，我不知大王要派出攻打宋国的那些人，是不是都跟那个染上偷窃癖的人同类呢？"

楚惠王说："好！好！让我们不要攻打宋国吧！"

无功之赏（宋卫策：智伯欲伐卫）

智伯赠送给卫悼公四百匹骏马和白璧一双。卫悼公高兴极了，群臣也都来道贺，偏偏南文子面有忧色，卫悼公就问他说：

"人家大国难得那么高兴，送给我大礼，你却愁眉苦脸的，什么意思呢？"

南文子说：

"没有功劳就得到赏赐，没有出力就得到礼物，不能不仔细探究一下人家的用意。四百匹骏马和一双白璧，本来是小国送给大国的礼物，现在反而由大国送给小国。君王该考虑考虑！"卫悼公就传令边境加强防御措施。智伯果然派兵偷袭卫国，但到了卫国边境就自动退兵了。

智伯说：

"卫国有足智多谋的臣子，已经先知道我的谋略了。"

贪得无厌（赵策一：智伯帅赵韩魏而伐范中行氏）

智伯率领韩、赵、魏三家攻灭范氏和中行氏以后，过了几年，智伯又派人去向韩氏要土地（公元前 455 年）。韩康子不想给他，韩臣段规就劝韩康子说：

"不可以不给。智伯为人贪得无厌，而且生性残忍刚愎，来求地不给他，必定派兵攻打我们。主君应该给他土地，让他尝尝甜头。他养成了习惯，又将向别国要求割地，别国不听从，他必然发兵攻打，如此韩国可以免掉灾难而坐观局势的变化。"

韩康子接受段规的建议，派人进献一个万户的县邑给智伯。智伯得了土地很高兴，又派人去向魏国要土地（公元前 455 年）。魏桓子不想给，魏臣赵葭(jiā)劝谏说：

"智伯向韩求地，韩王给了。现在又向魏求地，假如魏不给的话，那就是魏国自恃强大。一旦激怒智伯，智伯必定发兵来惩罚我们的。还是给他吧！"

魏桓子无可奈何地答应了，也派人送一个万户的县邑给智伯。

智伯连连得地，非常高兴，又派人向赵国要蔡、皋(gāo)狼等地，赵襄子却拒绝不给。于是智伯就跟韩、魏两国缔结密约，准备讨伐赵国（公元前 455 年）。

赵襄子召见大臣张孟谈，告诉他拒绝割地的事，并说：

"智伯这个人很阴险，表面上跟你亲热，暗中却在搞鬼。最近三次派专差到韩、魏去，都不让我知道，大概就要发兵来攻打赵国了。现在我选哪个地方来防备比较好呢？"

张孟谈说：

"主君应该定居在晋阳，那是简主（赵襄子的父亲赵简子）最赏识的大臣董子刻意经营的地方，尹泽（赵臣）也模仿他的治绩。现在他们的政教遗风还保存在那里。"

"就这么办吧！"赵襄子说。

赵襄子就派延陵生率领战车和骑兵先到晋阳去，随后自己也带文武朝臣赶到。赵襄子巡视了城郭，调查了府库仓廪，就召见张孟谈，说道：

"这里的城郭很坚固，府库很充实，军粮也够吃，但是没有箭，怎么办呢？"

"据我所知，当年董子治理晋阳，宫殿的围墙是用荻（dí）、蒿（hāo）、楛（hù）、楚等木做成的，有的楛木高达丈余。主君可以把它拆下来用。"张孟谈回答。

于是就抽几支木材来试试，坚硬的程度就是像箘（jùn）簬（lù）那样好的箭竹也比不过。

"箭是够了，但是铜很少。这该怎么办？"赵襄子又问。

"据我所知道的，董子治理晋阳时，宫殿都是用鍊（liàn）过的铜做柱脚，把它拿出来用就用不完了。"张孟谈回答。

"董子准备得很周到。"赵襄子说。

当赵襄子的号令已妥当，防御的武器也完备了，智伯和韩、魏的联军才开到晋阳城。两方展开恶斗，经过三个月之久，晋阳还是安然无恙。三国联军改采用包围战术，从四面八方包围晋阳城（公元前 454 年），并溃决晋水灌淹晋阳（公元前 453 年）。晋阳被包围的第三年，城内人都在树上搭房子住，把锅吊在树上做饭。当军

资粮饷快用完,士卒都疲惫不堪的时候,赵襄子信心动摇了,就找张孟谈商量道:

"到了这种地步,看样子无法守住晋阳,我想投降算了。你看怎么样?"

张孟谈说:

"我听说:'国家将要灭亡而不能保存,发生危险而不能安定,就用不着礼遇才智之士了。'请主君丢掉这个念头,不要再说了,先让我去觐见韩、魏两国的君主。"

赵襄子答应了。张孟谈于是悄悄去见韩、魏两国的君主,游说道:

"我听说:'嘴唇没有了,牙齿就会寒冷。'现在智伯带头指挥两位主君伐赵,赵国马上就要灭亡,下一次灭亡的将是二位主君。"

韩、魏两国君说:

"我们也知道会这样。智伯为人残暴不仁,要是我们的计谋先被他识破,那必然会大祸临头的。你看要怎么办呢?"

"计谋出自两位主君的金口,只进入我的耳朵,别人不会知道的。"张孟谈说。

韩、魏两国国君就和张孟谈暗中订立三国军事同盟,并约定当夜夹击智伯。

张孟谈回到晋阳向赵襄子报告后,赵襄子再三向他拜谢。

当张孟谈会见韩、魏两国国君以后,为免见疑,曾顺道去朝见智伯,试探让赵襄子投降的条件。孟谈敷衍一番出来后,在辕门外遇见智过。智过赶紧进去见智伯说:

"韩、魏两国国君恐怕会叛变!"

"怎么说呢?"智伯问。

"我刚在辕门外遇到张孟谈,看他趾高气扬,态度高傲。"智过回答。

"不会的。"智伯说,"我和两国国君订立密约,等灭赵以后要三分赵地,我对他们很亲热,他们一定不会欺骗我。你放心,不要再乱猜疑。"

智过不放心,跑去观察韩、魏两国国君。没多久,又回来对智伯说:"我看韩、魏两国国君意态脸色跟平常都不一样,一定是想背叛主君。主君不如先下手为强。"

智伯说:"联军围困晋阳已经三年,很快就可攻陷而分享其利,竟然此时才会变心。这是不可能的,你不要再讲了。"

"既不忍下手,那就要尽量亲善他们。"智过又说。

"怎么个亲善法?"智伯问。

智过说:

"魏君的谋臣叫作赵葭,韩君的谋臣叫作段规,这两位都能影响君主的决策。主君可以跟这两位订约,言明灭赵后,每人封一个万户的大县。这样两国国君的心可以不变,而主君也才能达成愿望。"

智伯说:

"办不到!灭赵以后既然三分其地了,又叫我分封两个万户的大县,剩下来我能得到的太少了。"

智过一看智伯不采纳他的意见,苦劝也不听,就赶紧离开智伯,改姓为辅氏,逃得远远的,不再见面了。

张孟谈得到智过潜逃的消息,就去向赵襄子报告说:

"那个智过遇到我的时候,带着怀疑的眼神瞪我。一定是智伯没采信他的疑虑,才改姓出奔来提醒智伯的。今晚要是不出击,就要比智伯慢一步了。"

赵襄子再派张孟谈去见韩、魏两国国君，约定当夜杀掉把守河堤的士兵，决堤反灌智伯军营。

当夜韩、魏果然掘开河堤，倒灌智伯军营。智伯军为了救水而大乱，韩、魏两军又从旁夹攻，于是赵襄子率领精锐迎面直扑，大败智伯军，生擒了智伯。

智伯身被杀戮，国被灭亡，地被瓜分，遭受天下诸侯的讥笑。这是因为他贪得无厌呀！不听从智过的计谋，也是招致灭亡的关键之一。智氏宗族都被灭绝，唯独辅氏流传于世。

眩得忽祸（赵策一：智伯从韩魏兵以攻赵）

智伯率领韩、魏两国军队攻打赵国，包围了晋阳，并引水灌城，只差六尺就要把城淹没了（公元前453年）。郄(xī)疵(cī)却对智伯进言道：

"韩、魏两国快要叛变了。"

"怎么知道呢？"智伯反问。

"从人事上可以推知。"郄疵回答道，"主君率领韩、魏攻打赵国，赵国一旦灭亡，下次的灾难岂不是就轮到韩、魏头上？现在晋阳只差六尺就要整个淹没，连石臼和炉灶都有了青蛙，城内无粮，已经在吃马肉吃人肉了。眼见晋阳已支持不住，快要投降，不久三国就可依约均分赵地，然而韩、魏两国国君不但没有喜色，反而有忧愁的表情。这不是正准备反叛是什么？"

第二天，智伯请来韩、魏两国国君，向他们说：

"哈哈！郄疵竟然说两位就要背弃盟约。"

韩、魏两国国君赶紧辩解说：

"灭赵后可以三分其地，现在晋阳城马上就可攻取，我们两家再愚蠢，也不会放弃眼前的甜头，去干那种违背盟约，既危险又不能成功的事儿。很可能那是郄疵在替赵国工作，让主君怀疑我们两个，从而瓦解攻赵的盟约。要是主君竟听信奸臣的逸言，疏离了我们，那真替主君感到惋惜。"

韩、魏两国国君说完话就快步离开，不愿多逗留。

一会儿，郄疵气呼呼跑进来向智伯说：

"主君何苦把我的话告诉韩、魏两国国君呢？"

"你怎么知道的？"智伯反问。

"韩、魏两国国君从来不把我看在眼内的，刚才却正眼看了我一下，怕我留住他，又走得好快。"郄疵回答。

郄疵知道自己的话不会被采纳，就讨了个去齐国的差事，智伯也乐得把他遣走，以便安抚韩、魏两国国君。

不久，韩、魏两国国君果然反叛了。

乐羊啜（chuò）羹（魏策一：乐羊为魏将而攻中山）

魏将乐羊攻打中山（公元前432年），他的儿子却在中山。于是中山王就烹杀乐羊的儿子，然后送一点肉羹给他。乐羊坐在帐幕下一口气把肉羹喝光了。魏文侯对睹师赞说：

"乐羊为我的缘故，竟吞下自己儿子的肉。"

"连自己儿子的肉都吃了，还有谁的肉不能吃呢？"睹师赞说。

乐羊终于攻下中山，胜利回国（公元前430年）。魏文侯虽奖赏他的战功，却不怎么信任他了。

击衣报仇（赵策一：晋毕阳之孙豫让）

韩、赵、魏三家已经瓜分了智伯的土地（公元前453年），赵襄子还是恨透了智伯，竟把智伯的头盖骨拿来当酒壶。智伯有个臣子叫作豫让，他本来躲到山里头的，听到赵襄子凌虐智伯遗骸的事，非常愤慨，自言自语地念叨：

"唉！志节之士该为赏识自己的人而牺牲，贤淑女子要为喜欢自己的人而装扮，我该为智伯复仇！"

豫让下得山来，便隐姓埋名，化装成受过刑的罪人，潜伏到王宫里服劳役。有一天赵襄子上厕所，忽觉心跳不正常，便下令把附近的人抓来盘问，原来那是豫让在粉刷厕所，刷墙壁的镘（màn）刀磨得很尖锐。豫让见事已败露，咬牙切齿叫道：

"我要替智伯复仇！"

左右的人要把豫让杀掉，赵襄子却说：

"这是个侠义之士，我只要小心躲开他就是了。智伯死后没有留下子孙，却难得豫让还肯来替他复仇，可见这是位天下最有气节的义士。"

赵襄子竟然释放了豫让。

豫让临走时发誓要复仇到底。

有一天，豫让的老家来了一个麻风病乞丐，胡须眉毛都脱光了，样子像蟾蜍。这个乞丐缠着豫让的妻子，竟登堂入室，要饭要菜要茶水，赖着不走。豫让的妻子很惊慌，不知怎么办才好。后来她想起一件事，回头偷偷跟家人说：

"奇怪！乞丐的声调怎么很像豫让呢？"

"本来就是嘛！"乞丐听了乐得叫起来。

原来这个乞丐就是豫让的变形。他浑身涂了漆，才显得那样邋遢，又剃光了胡须眉毛，经过一番彻底的毁容，难怪连妻子都认不得了。

豫让在家里又吞服了许多炭灰，声音也变沙哑了。

有一个知情的朋友跟他说：

"你这种方法很难成功。说你有志气还可以，如果说你聪明，那就错了。凭着你的才能，好好去侍奉赵襄子，他必然会重用你、亲近你，等你能够亲近他了，再去实现计划，还怕不能成功吗？"

豫让听了这个妙计，竟然笑了笑说：

"你说的意思是：为早先的知己去报复后来的知己，为旧君而戕害新君。大大败坏君臣大义的，再没有比这个办法更可恶的了。今天我之所以要这样做，就是为了阐明君臣大义，并不计较报仇的顺利与否啊！既然已经委身做了人家的臣子，却又阴谋刺杀人家，这就是怀着两颗心去侍奉君主。我所做的虽然比较难成功，也可以使那些为人臣却怀着两样心思的人羞愧！"

赵襄子常常出外巡视，有一次巡行到一座桥边，拉车的马忽然惊叫起来。赵襄子断定有人想行刺，立刻说：

"这一定是豫让。"

经过一番搜索，在桥下找到一个麻风病乞丐，身怀利刃，手持长矛，却毫不抵抗地就被带上来了。问他姓名，果然是豫让。

赵襄子很不高兴，当面数落豫让：

"你不是曾侍奉过范氏和中行氏吗？智伯灭了范氏和中行氏，你不但不替他们报仇，反而委身去侍奉智伯。如今智伯已死了三十年，你为什么单单这样顽固地要替他报仇呢？"

豫让回答说：

"当我侍奉范氏和中行氏时，他们只把我当作普通人看待，所以我就用普通人的态度报答他们，而智伯把我当作国士看待，所以我要用国士的态度报答智伯。"

赵襄子长叹一声，哽咽着怜惜地说：

"唉！豫让！你为智伯报仇，已经使你成为忠臣义士，我曾放过你，也很对得起你了。你自己打算吧！我不能再释放你！"

赵襄子就任随卫队把豫让包围住。豫让高声说：

"我听说，明主不掩盖人家的义行，忠臣不爱惜生命，而造就了名节。主君以前已经宽恕过我，天下没有不为此而称赞主君贤明的。今天的事，我该当受刑，不过要是能先得到主君的衣服来击刺几下，那么我死后就没有遗憾啦！这不是我可以要求的，只不过是冒昧表达私心罢了！"

赵襄子认为豫让很够义气，为了怜惜他，就脱下自己的衣服，让侍臣交给豫让。豫让接过手，拔出剑来，蹦跃了三下，一边喊着天呀天呀，一边击刺赵襄子的衣服。随着衣服的破烂，豫让也突然泄了气似的，神情顿显萧索，微弱地自语着："勉强算作报答智伯了！"

豫让说完了话，就自刎而死（公元前425年）。

豫让为智伯报仇的故事传开后，赵国的忠义之士都被感动得掉眼泪。

君聋于官（魏策一：魏文侯与田子方饮酒而称乐）

魏文侯和老师田子方边喝酒边奏乐（公元前403年）。文侯侧着耳朵说：

"钟声不协调吧！左边的音高。"

田子方听了笑笑。魏文侯说：

"老师笑什么呢？"

"我听说：'君主贤明就以治官为乐，不贤明就以治音为乐。'现在君王既然如此善于分辨钟声，我就担心君王在任用官吏上耳朵聋了。"田子方说。

"好的，我会牢记住老师的指教。"魏文侯恭敬地说。

虞人期猎（魏策一：文侯与虞人期猎）

魏文侯和管理山川的虞人约好日期要去打猎（公元前403年）。到了那一天，文侯在宫廷里和宾客喝酒喝得很高兴，外面又下着大雨。魏文侯看看时间不早了，刚要出去，左右侍臣问道：

"今天君王喝酒正喝得高兴，外面又下大雨，要到哪里去呢？"

"我跟虞人约好要去打猎，现在虽然正在下雨，怎么可以不赴约呢？"魏文侯说。

于是魏文侯就到虞人那里,亲自取消打猎的事儿。

就因为魏文侯这样守信,魏国从此逐渐强盛。

白虹贯日（韩策二：韩傀相韩严遂重于君）

韩傀(guī)虽是韩国的宰相,韩哀侯却比较器重上卿严遂,以致两人常发生冲突,互不相容。有一次在朝堂上开政务会议时,严遂很客气地指出韩傀的过失,韩傀忍不住,当场大声责骂他。严遂竟拔出剑逼杀韩傀,好在被人劝解拉开了,才没发生命案。严遂深恐因此会被诛戮,立刻逃亡国外,并到处访求能够替自己报仇的人。

严遂来到齐国,有人告诉他说:

"轵(zhǐ)城深井里有位勇敢的侠客,名叫作聂政。他为了躲避仇人,隐居在这里当屠夫。"

严遂若无其事地去接近聂政,和他做朋友,表现出最真挚的情意。但是,有一天聂政贸然问道:

"你打算怎样用我呢?"

严遂一下子答不出来,吞吞吐吐地说:"我跟先生交往的日子还很少,并没什么大不了的事,怎敢劳动先生呢!"后来严遂找个借口摆设盛宴,请聂政的母亲吃饭。席间严遂拿出黄金一百镒(yì),向聂政的母亲祝寿。聂政大吃一惊,对于严遂的厚交更觉得奇怪。他一再向严遂辞谢,严遂却坚决要送礼。聂政板着脸说:

"我有老母要奉养,因为家贫,才客居在外,以杀狗为业,以便早晚得到甘美香脆的食物孝养老母。既然奉养母亲的饮食都有了，在情义上不敢再接受仲子（严遂字）的赏识。"

严仲子把聂政拉到一边，躲开所有的人，悄悄地说：

"我为了杀掉仇人，才游历那么多的国家。一到齐国，听说足下义气过人，所以坦率奉上百金，作为老夫人粗茶淡饭的费用，想借此得到足下的欢心。我哪敢有什么请求呢？"

"我所以贬低志气，折辱身份，隐居在这菜市场里，只为了安安静静地奉养老母。老母在世，我不敢把自己的身体答应给人家。"聂政说。

严仲子一再要送上寿礼，聂政始终不肯接受。仲子虽然对聂政失望了，还是礼节周到地尽了宾主之欢。

过了几年，聂政的母亲去世了。办完丧礼，除去丧服以后，聂政自言自语说：

"唉！我聂政只是一个菜市场的人，每天拿着刀杀狗卖肉，而严仲子乃是诸侯的卿相，竟千里迢迢枉屈车骑来到我家，不惜以高贵的身份和我做朋友。当时我对待他实在太冷淡了，我并没什么表现可以和他相配呀！那时严仲子竟然拿出百金向我母亲祝寿，我虽然没有接受，但他总算是真正赏识我的知音！贵人因为憾恨于怒目相向的意气，就来亲近穷乡僻壤的人，我又怎能独自默不作声就算了呢？况且那天他本想邀我的，我只推托有老母在。现在老母已享尽天年，我可以为知己效命了！"

于是聂政就踏上征程，迈向西方。到了濮阳，找到严仲子就说："以前我之所以没答应仲子，只因为母亲在堂。如今母亲不幸去世了。仲子想要报仇的究竟是谁，请交给我去办。"

严仲子把结仇的始末都告诉聂政，又说：

"要知道,我的仇人是韩国宰相韩傀,韩傀又是韩王(哀侯)的叔父,宗族势力强盛,警卫森严,我派人去刺杀他,几次都不能成功。现在足下既然乐意帮助,那我就多准备车马壮士,助你完成大事。"

聂政说:

"韩、卫两国相离不远,现在去杀人家的宰相,宰相又是韩王的至亲,千万不能多带人去。因为人多了,难免有失误,一有了失误,事情就会泄露,事情一旦泄露,那么韩国的人都要和仲子对敌,到那时仲子岂不是很危险吗?"

聂政终于辞谢车马和随从,独自一个人带着剑来到韩国。韩国那时正好有"东孟之会"(公元前371年),韩哀侯和宰相都在那里。全副武装的警卫人员虽然很多,可是聂政昂然直入,冲上台阶去刺杀韩傀,韩傀躲到韩哀侯身边,抱住哀侯求饶。聂政还是猛扑而上,照刺不误,把韩傀杀了,也刺中哀侯。一时间左右侍卫乱成一团,聂政高声怒吼,接连杀死了几十个人。看看已被重重包围,走不了了,就自己割破脸皮,挖出眼睛,剖开肚子,拉出肠子。劫后的人只觉一道白虹上贯天日,大地顿显黯淡阴森,而聂政兀自挺着,已气绝多时。

韩国把聂政的尸体摆在大街上,悬赏一千金征求认识的人。过了很久也没人认出他是谁。

聂政的姊姊聂嫈(yíng)听到这个轰天动地的谋杀案,跟朋友说:

"那一定是我弟弟干的。弟弟真是刚烈的勇士!我不能因爱惜自己的身躯,而埋没弟弟的英名,虽然这不是弟弟希望的。"

于是聂嫈就跑到韩国去探视尸体,果然是弟弟聂政。聂嫈凝视着已经溃烂的尸体,哽咽着说:

"勇敢呀！气魄的雄伟充盈，远超过孟贲、夏育和成荆，如今死了却不能扬名。父母已去世，又没弟兄，一定是为了我而自毁其形。我怎能因爱惜自己的生命，不颂扬弟弟的英名？我不忍偷生！"

于是聂嫈抱着尸体哭诉道：

"这是我的弟弟聂政，住在魏国轵城的深井里。"

聂嫈交代完毕，也就自杀在弟弟的尸体旁。晋、楚、齐、魏的人听了这个消息，都赞叹说：

"非独聂政勇敢，他的姊姊也是烈女呀！"

不是客人（东周策：温人之周）

魏国温城有一个人到东周游览。周人阻止他入境，问道：

"你是客人吗？"

"是自家人呀！"温人回答得很自然。

可是问起他住的巷名和邻居，却不能回答。官吏认为他是间谍，就把他拘留了。周君派人来追究，问道：

"你既然不是周人，却说不是客人，这是什么道理呢？"

"我自幼就熟读诗的。"温人回答，"诗上说：'广大的天所覆盖的，都是天子的领地，住在这块土地上的，都是天子的臣民。'如今周王既然君临天下，那么我就是天子的臣民，怎么又是客人呢？所以我才说是'自家人'。"

周君很高兴，就把温人释放了。

推功及人（魏策一：魏公叔痤为魏将）

魏将公叔痤(cuó)跟韩、赵联军在浍(huì)北决战（公元前362年），俘虏了赵将乐祚。魏惠王很高兴，特别到城外欢迎公叔痤的凯旋，并赏赐良田百万亩为俸禄。公叔痤一再辞谢说：

"使得士卒不崩溃，毅然猛进而不畏惧，遇到危险也不退缩的，这是吴起训练的，跟我的指挥无关；预先分析地形的险阻，加强重要地区的防御设施，使三军将士不致迷惑的，那都是巴宁和爨(cuàn)襄的能耐；立下赏罚的标准，使军民确信不疑的，这是大王英明的法典；判断可以攻击敌人的良机，猛摇战鼓激励士卒，不敢有丝毫怠慢的，这才是我所做的。大王只为我击鼓的右手能不倦怠而赏赐，我还可以接受，如果认为我建立功劳，那我又贡献了什么能耐呢？"

"说得好！"魏惠王说。

于是惠王就派人寻访吴起的后裔，赏赐良田二十万亩。巴宁和爨襄也各得良田十万亩。

魏惠王说：

"公叔难道不算是宽厚长者吗？已经替寡人战胜强敌了，又不忘贤人的后裔，也不埋没才干之士的功绩。公叔怎可不再加封些呢？"

于是又加封公叔痤良田四十万亩，使得他的封地多达一百四十万亩。

老子说过："圣人没有积储的：完全帮助人家，自己却更富有；完全送给人家，自己却更充足。"公叔痤大概可以当之无愧了。

战国策：隽永的说辞

悖者之患（魏策一：魏公叔痤病）

魏相公叔痤病重，魏惠王去探视他，问道：

"公叔病了，万一不起，国家将怎么办呢？"

公叔痤回应道：

"我有一个御庶子公孙鞅，希望大王把国事委托给他。如果君王不能重用他，千万别叫他离开国境。"

魏惠王没回答，出来以后却对左右侍臣说：

"可悲呀！像公叔那样明智的人，却要我把国事交给公孙鞅，是已经病糊涂了吗？"

公叔痤死后（公元前361年），公孙鞅听到了这回事，立刻逃奔到西方的秦国去，受到秦孝公的赏识而被重用。从此秦国就日渐强大，而魏国也就日渐削弱了。这样看来，并不是公叔痤糊涂，而是魏惠王糊涂了。糊涂人的最大毛病，就是把不糊涂的人当作糊涂呀！

择言而讽（魏策二：梁王魏婴觞诸侯于范台）

魏惠王魏婴请诸侯在范台喝酒（公元前356年），已喝得醉醺醺了，还叫最小国的鲁共公拿着酒罐子——劝酒。

鲁共公站起身，离开席位，说道：

择言而讽

"古时大禹的女儿叫仪狄造酒,滋味甘美,就呈给大禹,大禹喝了,禁不住又贪喝了几杯。但从此就疏远仪狄,不再喝酒了。他皱着眉头说:'后世必定有因为贪饮美酒而亡国的!'"

"齐桓公半夜里觉得肚子饿,易牙便煎炸烧烤地弄了几样菜肴,调好五味,端上给齐桓公吃。齐桓公吃得饱饱的,一觉睡到天亮还不醒。后来桓公啧啧说道:'后世必定有因为贪吃美味而亡国的!'"

"晋文公得到美女南之威的时候,一连几天不上朝处理国事,后来却狠着心推开南之威,不再见她。他坚决地说:'后世必定有因为贪恋美色而亡国的!'"

"楚庄王攀登到强台上眺望崩山,看到左边是长江,右边有洞庭湖,就在那里徘徊流连,饱览风光,快乐得简直忘记了生死,后来却在强台上发誓从此不再攀登。他心思恍惚地说:'后世必定有因为贪游高台水池的美景而亡国的!'"

"现在主君所喝的酒,也如同仪狄所酿的美酒呀;主君所享用的滋味,也如同易牙所调的美味呀;左边有白台,右边是闾须,也如同南之威的美色呀;前面有夹林,后面是兰台,也如同登临强台的快乐呀。只要有其中之一,就足以招致亡国的惨祸,如今主君却四样全有,能不提高警觉吗?"

魏惠王还连连夸奖鲁共公这一番话。

徐攻留日（宋卫策：梁王伐邯郸）

魏惠王攻打赵都邯郸（公元前353年），向宋国征兵，宋王剔成只好派使者去向赵成侯请示说：

"魏兵强劲而权重，如今向敝国来征兵，假如敝国不服从，那恐怕会危害到国家；假如帮助魏国攻打赵国，就会伤害到赵国，这是寡人不忍心做的。但愿大王对敝国有所指示！"

赵成侯说：

"是的，宋国不能抵挡赵国，寡人早就清楚。假如削弱赵国来强化魏国，对宋国也必然很不利。既然如此，那么我怎么答复你才好呢？"

宋使说：

"那就让宋军单独攻打贵国的一座边城吧！我们会慢慢攻打，拖延一段日子，以便等待贵国确保都城，改变形势。"

赵成侯同意这个办法，指定了一座边城。

宋人心安理得地派兵入侵赵国，包围了一座城池。魏惠王很高兴地说：

"宋人帮助我军作战了。"

赵成侯也很高兴地说：

"宋人仅仅攻到这里为止。"

等到战争结束以后（公元前353年），赵国还不怨恨宋人，而魏国却感激宋国出兵攻赵呢！

南辕北辙（魏策四：魏王欲攻邯郸）

魏惠王想要攻打赵都邯郸（公元前353年）。魏臣季梁本来要到楚国去的，一听到这个消息，赶紧从半路上折回来。衣服皱皱的也不拉一拉，头上沾满尘土也不洗一洗，匆匆忙忙跑去觐见魏惠王说：

"方才我回来的时候，在十字路口遇到一个人，正朝着北面要驾车，却对我说：'我要到楚国去。'我说：'你要到楚国去，为什么把车朝向北方？'那个人回答说：'我的马跑得快。'我说：'马虽然跑得快，可是这并不是去楚国的路啊！'那个人又说：'我的钱财多得是。'我说：'钱财虽然多，可是这并不是去楚国的路啊！'那个人又说：'我的车夫最会驾驭。'马匹呀，钱财呀，车夫呀，这几样越好，只是使那个人离楚国越远罢了。如今大王一举一动都想成为霸王，都想伸张威信于天下。假如大王恃着土地广大、军队精锐，就想进攻邯郸，进而扩张领土、建立威信，这样用兵，次数越多，那离霸王之业只不过越远罢了，就好像要到南方的楚国去，却把车朝向北方一般。"

战国策：隽永的说辞

请宅卜罪（楚策一：郢人有狱三年不决者）

楚国国都郢（yīng）城有一个人牵连到刑事案件，拖了三年没有判决。按照当时的法律，判决有罪的话，住宅要充公。这个郢人就故意拜托一位有势力的其他国家的人去向政府请求占用他的住宅，借此来试探自己是否有罪。那人替他去对昭奚恤说：

"郢城某人的住宅，我想占用。"

"某人不应该判罪，所以他的住宅不能得到。"

那人一听这话，就告辞走了。

过了一会儿，昭奚恤懊悔自己的失言，把那人找来，责问道：

"我昭奚恤对待您还算尽心，您为什么要花招来刺探我？"

"我并没耍花招刺探什么呀！"那人否认。

"哼！请求住宅没得到，反而有喜色，不是要巧刺探是什么？"昭奚恤悻悻地说。

狐假虎威（楚策一：荆宣王问群臣）

楚宣王向群臣问道（公元前353年）：

"我听说北方诸侯都怕昭奚恤，到底是怎么回事？"

群臣都不出声。魏客卿江乙回答说：

"老虎到处寻找各种野兽填肚子，抓到了一只狐狸。狐狸说：

'你不敢吃我的！上天派我当万物之王，现在你要是吃了我，那就违逆了上天的命令。你如果不相信，就紧跟在我后面，看看谁见了我敢不让路？'老虎觉得有道理，就跟在狐狸后面走，大家一看到它们，果然都逃走了。那只老虎却不知道野兽是怕自己才逃走的，还以为是怕狐狸哪！如今大王的土地方圆五千里，被甲精兵百万，全部交给昭奚恤掌握指挥，所以北方各国才怕他。其实那是怕大王的百万雄师！就像各种野兽怕老虎一样。"

当门而噬（楚策一：江乙恶昭奚恤）

江乙为了排挤昭奚恤，对楚宣王说（公元前352年）：

"有一个人，由于他的狗很会看家，特别喜欢这只狗。有一次，这只狗朝水井里撒尿，被一位邻居看见了。邻居想进去告诉狗主人，这只狗讨厌他多嘴，就站在门口咬他，邻居很害怕，也就始终没办法进去报告。前年邯郸被围困时，楚国进兵攻大梁，昭奚恤接受了魏国的宝物，那时我住在魏国，知道得很清楚，所以昭奚恤一直讨厌我来拜见大王。"

美恶两闻（楚策一：江乙欲恶昭奚恤于楚）

江乙为了把昭奚恤排挤出楚国，就对楚宣王说（公元前352年）：

"在下的人结党，在上的人就危险；在下的人纷争，在上的人就安全。这个道理大王知道吗？但愿大王别忘了。假如有个喜欢称扬他人优点的人，大王觉得如何？"

"这是君子，可以亲近他！"宣王回答。

"假如有人专门揭发他人缺点，大王对他如何？"江乙又问。

"这是小人，要远离他。"宣王答。

江乙接着说：

"要是这样的话，那么儿子杀父亲、臣子杀人主这等逆伦的事，大王都不会听到了。这是什么道理呢？因为大王喜欢听人的美德，却讨厌听人的过恶呀！"

"对呀！我应该善恶两方面都听。"楚宣王说。

黄泉专利（楚策一：江乙说于安陵君）

江乙对以俊美得宠的安陵君说：

"阁下没有一点功劳，又不是君王的骨肉至亲，却身居高位，享受厚禄，全国人民见到阁下，没有不整理衣襟下拜的。这究竟是凭什么呢？"

"只是君王过分抬举罢了,不然怎么能如此呢!"安陵君回答。

"拿金钱结交的,金钱花光时交情就断绝;凭美色结合的,人老珠黄时爱情就变化。所以受宠的侍妾等不到卧席睡坏,已遭遗弃;受宠的臣子还没等车子坐坏,已遭斥退。如今阁下在楚国很有势力,却不加深与君王的感情,我私下真替阁下担忧。"江乙说。

"那该怎么办呢?"安陵君问。

"阁下要找机会向君王申请在黄泉服侍的专利,表明为君王殉葬的心愿。这样必定能长久在楚国拥有势力。"江乙说。

"感谢您的指教!"安陵君说。

过了三年,安陵君还没提出申请。江乙又对安陵君说:

"我对阁下建议的事,阁下至今不曾实行。阁下既然不采纳我的计策,我也不敢再见阁下了。"

"我不敢忘记先生的话,只因为找不到好时机呀!"安陵君说。

后来楚宣王到云梦去畋猎,四马战车连接千辆,旌旗遮没天空,升起的野火像彩云又像霓虹,野牛老虎的吼声像雷霆。有一只凶性大发的野牛顺着车轮冲向战车,楚宣王亲自拉弓射击,只一箭就把野牛射死。宣王抽出一支装饰犀牛毛的曲柄,按住野牛的头,仰天大笑道:

"真开心呀,今天的游猎!寡人千秋万岁以后,你们能够和谁享受到这样的乐趣呢?"

安陵君听了这话,泪流满面,走到宣王面前说:

"在朝廷里我陪坐在大王身边,出外巡行又是和大王坐同一辆车,大王一旦千秋万岁以后,我情愿跟着去打扫黄泉,替大王铺褥子,免得大王被蝼蛄、蚂蚁侵扰。大王要是核准我追随黄泉的专利,今天游猎的乐趣,又算得了什么呢?"

楚宣王听了很高兴，于是把他封为安陵君（这时才被封为安陵君，前面称安陵君，那是记述者的追称）。

百胜之术（宋卫策：魏太子自将过宋外黄）

魏太子申请亲自率兵攻打齐国（公元前341年），当部队经过宋国的外黄城时，外黄人徐子对太子申说：

"我有百战百胜的战术，太子能采纳吗？"

"说来听听。"魏太子申说。

"我本来就要效劳的。"徐子说，"现在太子亲自率兵攻齐，一战大胜且攻下莒城，那太子的财富也不过是拥有魏国，再尊贵也仍然是个魏王。如果不幸失败了，那就永远不能拥有魏国了。这就是我的百战百胜的战术。"

"好的，我一定听从阁下的话，率兵回国。"魏太子说。

"太子即使要回国，已经办不到了。"徐子冷冷地说，"挟持太子征战以便满足私欲的人太多了，太子即使想回国，恐怕也办不到了！"

魏太子上了战车，便下令班师回国。驾车的将士说：

"大将率军出征却折回，与败北同罪，不如继续前进！"

魏太子拿不定主意，只好继续率军前进。这一去不回头，可怜落得兵败身亡，终于不能拥有魏国。

王好细腰（楚策一：威王问于莫敖子华）

楚威王问莫敖子华说（公元前340年）：

"自从先君文王时代，一直到现代，可曾有不为官爵、不为利禄而忧国忧民的人吗？"

"这种事，像我这样的人是不够资格谈论的。"莫敖子华回答。

"不问大夫，我还要问谁呢？"楚威王说。

"君王究竟问的什么呢？"莫敖子华回答道，"自先君文王以来，有不贪爵位、清廉自守而忧国忧民的；有身居高位、享受厚禄而忧国忧民的；有抛头颅洒热血、不受重视也不求利禄而忧国忧民的；有劳累自己身体、困扰自己心志而忧国忧民的；也有不为官爵、不为厚禄而忧国忧民的。"

"大夫说这些话，究竟是什么意思呢？"楚威王问。

莫敖子华回答说：

"以前令尹（楚相）子文，每天穿粗糙的黑布衣上朝，平常在家也都穿粗劣的鹿皮衣，一大早就上朝处理政务，一直到黄昏才回家吃饭，家里穷得没有隔日之粮，甚至早上还不知晚上有没有饭。所谓不贪爵位、清廉自守而忧国忧民的，就是令尹子文。"

"以前叶公子高，他出身微贱，却被柱国（楚国宠官）拔擢为朝臣，平定了白公的反叛，安定楚国，把祖先的遗德发扬到方城（楚要塞，在今河南叶县南）之外，四面国境都不被侵扰，威名也没遭到打击。在那个时候，天下诸侯都不敢兴兵攻楚。叶公子高因此而食禄六百畛（zhěn）（畛是田界，六百畛约六十万亩）。所谓身居高位、享受厚禄而忧国忧民的，就是叶公子高。"

"以前吴与楚在柏举交战，当两军冲杀奋战时，莫敖大心摸着车夫的手，侧过头感慨地说：'哎！你注意到了吗？楚国灭亡的日子已经到来。我将冲进吴军阵营，假如我能击倒一个敌人，就请你帮我抓住他，如此也许能保住我们的国家！'所谓抛头颅洒热血、不受重视也不求利禄而忧国忧民的，就是莫敖大心。"

"以前吴与楚在柏举交战，三战之后吴军攻进楚都郢城，楚昭王狼狈逃出都城，大夫们都跟着跑了，百官也分离四散。这时棼(fén)冒勃苏说：'我如果身穿盔甲手拿武器，冲进强敌阵地而死，这种牺牲只等于一个兵卒的牺牲罢了，倒不如投奔其他诸侯图谋再举。'于是他就带着干粮悄悄逃亡，一路上爬过险峻的高山，渡过很深的溪谷，鞋底都磨穿了，膝盖的肉也露出来，走了七天才来到秦王的朝廷。他弯着腰站在秦廷，昼夜哭泣，经过七天都没见到秦王。这七天之间，他滴水未进，已经饥渴到气息奄奄，终于昏倒不省人事。秦王听到了这个消息，慌忙去看他，慌忙得连王冠都来不及戴，衣服也没扎好。秦王左手抱起勃苏的头，右手往他嘴里灌水，好容易才把他救醒。秦王亲自问他说：'你是什么人？'勃苏回答道：'我不是别人，我是楚国使臣棼冒勃苏。只因吴国狠戾，入侵楚国，楚军在柏举的保卫战覆败，被吴军攻进郢都，敝国君狼狈出奔，大夫们都跟着逃亡，百官也分离四散。敝国国君特派我来向大王报告敝国沦亡的经过，并且请求救援。'秦王叫他起来，并对大臣们说：'寡人听说：一个拥有万辆兵车的君主，只要得罪一个士人，国家就会危险。那就是现在这种情形吧！'于是秦王就调派一万大军，千辆战车，由子满和子虎两位大将率领，出关塞而东进，与吴人战于浊水，大败吴军。所谓劳累自己身体、困扰自己心志而忧国忧民的,就是梦冒勃苏。"

"以前吴与楚在柏举交战,三战之后吴军攻进楚都郢城,楚昭王狼狈逃出都城,大夫们都跟着逃亡,百官也分离四散。这时楚人蒙谷本来在宫唐河畔作战,他却奔回郢都,说道:'只要太子能即位,楚国还是有希望的。'于是他就跑进楚王祖庙,抱起重要档案,运到停泊在长江的船只上,顺流而下,逃往云梦。昭王回到郢都以后,文武百官失去了施政的法度,弄得乱七八糟,幸而蒙谷献上收藏的典册档案,才使得政治上轨道,国家渐趋安定。蒙谷的功劳可以和救亡图存媲美,于是昭王要封他为执圭的贵卿,食禄田六百畛。不料蒙谷却很生气地说:'我并非君主的臣子,我是国家的臣子。只要国家不灭亡就好了,至于有没有国君,我难道会担心吗?'蒙谷就跑到楚国的磨山隐居不出,一直到今天,他的子孙也都不愿做官。所谓不为官爵、不为厚禄而忧国忧民的,就是蒙谷。"

"这都是古时候的人啊!现在的人怎么能办得到呢?"楚威王听了莫敖子华这番话,长叹了一口气说。

莫敖子华回答道:

"以前先君灵王喜欢腰围细小的妇女,楚国的妇女就盛行节食,有的竟苗条到要扶墙才能站起来,要靠手杖才能走路。虽然想要吃东西,却忍住不敢吃,明知营养不良会死掉,却宁可饿死也要苗条。我曾听说过:'如果君王喜欢射箭,那么臣子们也就有射箭的装备。'君王只是不喜欢罢了,假如君王真的喜欢贤臣,那这五种贤臣都能够得到的。"

作法自毙（秦策一：魏鞅亡魏入秦）

商鞅从魏国逃亡到秦国（公元前361年），被秦孝公任用为丞相后（公元前345年），就积极推行变法维新。后来因功被封于商（公元前340年），号称"商君"。

商鞅治理秦国，采用严刑峻法，大公无私，刑罚不忌讳权贵，奖赏不偏私王族亲人，就是太子犯法也不赦免，硬把太傅公子虔抓来刺面割鼻。新法实行一年以后，秦国大治，路上遗物没人拾取，人民不贪非分之财，而且国防战备充实，使得天下诸侯畏惧。但是"商君之法"刻薄寡恩，只是拿法律来强迫人民服从罢了。

孝公实行商君之法的第八年（公元前338年），一病不起，想让位给商鞅，商鞅推辞不敢接受。孝公死了以后，惠文王即位，商鞅就敲起退堂鼓，准备告老归乡。因为他怕惠文王算老账，怕惠文王报复以前被惩罚的仇恨。偏偏又有人对惠文王说：

"大臣威权太重了，国家就会危险；左右侍臣太近了，生命就会危险。现在秦国连妇女小孩都只说商君的法律，不谈大王的法律。这样一来，商君反而成为主人，大王倒变成臣属了，何况商君本来就是大王的仇人呀！希望大王考虑考虑，先下手为强。"

商鞅知道后，赶紧逃往魏国，却被魏人赶回来。他终于被五马分尸，而秦国人一点也不同情他（公元前338年）。

志存富贵（秦策一：苏秦始将连横说秦惠王）

苏秦倡六国合纵之前，先看中秦国，就拿连横的外交政策去游说刚诛杀商鞅的秦惠王（公元前338年）。他说道：

"大王所统治的秦国，西有巴蜀、汉中的地利，北有胡貉、代马的物产，南有巫山、黔中的险阻，东有肴(yáo)山、函谷关的要塞；而且土地肥沃，人民富庶，战车上万辆，精兵一百万；肥沃的田野有千里宽，蓄积的粮草不计其数，而地理形势更便于攻守。这真是所谓'天府之国'，是天地间最大的雄邦。凭着大王的贤明，百姓的众多，将士的用命，兵法的熟练，可以兼并诸侯，吞灭天下，称皇帝而君临万邦。希望大王稍加留意，让臣办出成效来。"

秦惠王却摇着头说：

"我听说过：'羽毛不丰满的鸟儿不可以高飞，法令不完备的国家不可以施刑，道德不崇高的君主不可以役使人民，政教不清平的君主不可以烦劳大将。'先生郑重其事地不嫌千里之远而来到秦国指教，我很感激，不过……还是改天再谈吧！"

"我本来就怀疑大王不能重用的。"苏秦说，"以前神农氏曾攻打补遂，黄帝曾攻打涿鹿而擒获蚩尤，唐尧曾放逐驩兜，虞舜曾讨伐三苗，夏禹王曾讨伐共工，商汤曾放逐夏桀，周文王曾攻打崇侯虎，周武曾灭亡商纣，齐桓公曾大兴仁义之师而霸天下。由此看来，怎么可以不凭借武力呢？古时各国互派使臣，车辆往来奔驰，凭着外交人员的辞令，互相缔结盟约，天下就可以统一。现在有了南北相约合纵的办法，有了东西连为一体的方略，却没有哪个国家肯把武器收藏不用的。文士们都有一套巧饰善辩的说辞，弄得各国诸侯迷乱惶惑，结果纠纷丛生，简直无法处理；章程法令应有尽有，人民大都虚伪应付；文献法令既繁且乱，百姓生活陷于贫困；君臣愁眉不展，百姓无所仰赖。道理讲得越明白，战争也爆发得越多；穿着礼服的外交官尽管能言善辩，可是战争攻伐并不停止；称引古书上的文辞道理，天下并不能太平；结果是讲得舌头破了，听得耳朵聋了，仍然归于失败；遵行仁义，相约守信，天下依旧不能和平安乐。于是每个国家便放弃文治而加强武力，培养战士，整饬军备，希望在战场上决胜。大王要知道：什么也不做却想要使国家富强，安居不动却想要扩展地盘，即使是古代的五帝、三王、五霸以及明主贤君也办不到，最后只好用战争来解决。距离远的便两军互相攻打，距离近的便用白刃肉搏，必如此才可以建立伟大功业。因此，军队在外面打了胜仗，在国内推行政令便义正词严，君王建立了声威，老百姓就会绝对服从。如他想要侵犯天子、屈服敌国、控制海内、养育百姓、号令诸侯，不仰仗武力是不行的。可惜如今继承大统的君王，忽视了这种最要紧的道理，既不懂得教化人民，政治也不修明，只迷惑在那些动听的言语之中，沉溺在那些巧辩的辞令里头。照这样看来，大王本来就不够资格实行我的建议呀！"

苏秦游说秦王的书一连递上十次，始终未被采纳。他的黑貂皮袍穿破了，黄金百斤用光了，连旅费都没有了，只得离开秦国回家去。他缠紧绑腿布，踩着一双破草鞋，背着书包，挑着行李卷，神情憔悴，脸色黝黑，浑身一副羞惭的样子。回到了家，妻子继续织布不理他，嫂嫂不肯为他做饭，父母不跟他说话。苏秦长叹一声，说道：

"妻子不把我当作丈夫,嫂嫂不把我当作小叔,父母不把我当作儿子,这都是我自己不争气的罪过呀!"

当夜苏秦就在家里找书,从几十个书箱中找出了太公所著的《阴符》一书。从此他就趴在桌上苦读,一而再、再而三地反复研究,揣摩其中道理,并拿时事来相印证。每当读倦了想睡,就拿起锥子往大腿上猛刺,鲜血直流到脚后跟。他常常自言自语道:

"凭这种道理去游说人君,怎么会挖不出金玉锦绣、猎不到卿相尊位呢?"

过了整整一年,他自信揣摩成功了,很自负地说:

"这才真正可以游说当代的君王了!"

于是他便玩弄太公《阴符》上的《燕乌》《集阙》两篇的谋略去见赵王,就在高大华美的宫室里向赵王游说(公元前334年),鼓着掌谈话,谈得很投机。赵王非常高兴,封他为武安君,叫他接相印。此外又给他百辆战车,千捆锦绣,百对白璧,万镒黄金,让他带着去邀约诸侯合纵,拆散与秦连横的关系,以便共同抵抗强秦。苏秦做赵相的时期,六国都和秦国断绝了邦交。

这个时候,广大的天下、众多的人民、威武的诸侯、掌权的谋臣,都要听从苏秦的策划。不用花费一斗军粮,不曾差遣一个兵卒,没有伤过一员战将,没有断过一根弓弦,没有折过一支箭矢,就使各国诸侯相亲相爱,胜过兄弟。可见贤人当权主政,天下都会心服,一个人得到重用,天下都会顺从。所以说:

"运用政治来号令天下,不必用武力征服;要在朝廷内谨慎谋划,不必到四境之外去作战。"

当苏秦最得意时,有万镒黄金供他运用,出行时车马成群跟随,到处显得威风八面。太行山以东的国家都随着他的风头行事,使赵国的地位大大提高。

说起苏秦这个人,只不过是个出身寒微的贫士罢了,可是他竟然能够坐着高车大马周游天下,游说各国君王,堵住各诸侯王左右亲信的嘴巴,使天下人不敢抗衡。

当苏秦要去游说楚威王的时候(公元前333年),路过家乡洛阳,父母听到消息,赶忙整理房间,清扫道路,准备了音乐,设下了筵席,跑到城外三十里远的地方去欢迎他。妻子不敢正面看他,只在旁边偷听,嫂嫂像蛇一样爬行,拜了四拜,跪着请求恕罪。苏秦说:

"嫂子!为什么从前那样傲慢,现在又这样谦卑呢?"

嫂嫂回答道:

"因为您现在地位尊贵又有钱了。"

苏秦听了这话,叹息一声说:

"唉唉!贫穷了,父母都不拿我当作儿子,一旦富贵了,亲戚都畏惧你。一个人活在世界上,权势、地位和金钱,怎么可以不受重视呢!"

米玉薪桂（楚策三：苏秦之楚三月乃得见乎王）

苏秦到楚国去推行自己的外交策略,三个月才见到楚威王(公元前333年)。苏秦和威王一谈完公务,就立刻告辞要回赵国去。威王说:

"寡人听到先生的大名,就像听到古人那样肃然起敬。现在先生既然千里迢迢来到寡人这里,却不肯多逗留几天,究竟是什么道理呀!"

苏秦回答道:

"楚国的食物比玉石还要贵,薪柴比桂树还要贵,通报的人比鬼魂还要难见,大王比上天更难见到。现在大王要叫我吃玉石、烧桂树、托鬼魂而见上天吗?"

"先生回宾馆休息吧!寡人会照您的意思改善的。"楚王歉疚地说。

庆吊相随（燕策一：燕文公时）

燕文公时,秦惠王把女儿嫁给燕太子为妃子。文公死后（公元前333年）,太子即位,这就是后来的燕易王。齐宣王趁着燕有国丧而入侵,占领了十城。武安君苏秦为燕国去游说齐宣王（公元前333年）。他首先向宣王再拜贺喜,接着又仰天吊唁。齐宣王手按着戈,逼得苏秦连连后退。宣王喝道:

"贺喜与吊唁,为何竟接得这样快?"

苏秦定定心,回答说:

"人宁可挨饿,也不愿吃毒草乌喙,因为虽然暂且填饱肚子,最后也跟饿死一样。如今燕国虽弱小,却是强秦的女婿国。大王为了贪图十城的利益,已跟强秦结下了深仇。现在假如由弱燕做先锋,强秦充后盾,号召天下精兵,联手讨伐齐国,那齐国就像吃了乌喙一样痛苦了。"

"那该怎么办呢?"齐宣王被吓着了,赶紧请教。

苏秦回答说：

"圣人处理事情，能够转祸而为福，因败而为功。所以齐桓公虽然有蔡姬的负累，却因而侵蔡伐楚，威名愈加显赫。韩献子虽然因战败而获罪，却因而巩固了六卿的交情。这都是转祸为福、因败为功的典例。大王如果能采纳我的献策，最好是归还燕国的十城，然后再恭谨地向大国表示歉意。秦国知道大王由于秦的原因而归还燕城，必然感激大王，燕国没付代价就收回十城，当然也感激大王。这就把强大的仇敌变成友好的盟邦了。等燕、秦一同臣事大王以后，大王的号令，天下诸侯也都会顺从了。这样等于是大王用表面的外交辞令归附秦国，而实际上是拿十城取得天下的归心，建立了霸王的基业。这就是所谓'转祸为福，因败为功'的圣人行为。"

齐宣王听了这番话非常感动，立刻把十城归还燕国，外加黄金一千斤，并向燕王表示以后情愿跪在烂泥巴中叩头谢罪，结为兄弟之邦，另外又派特使去秦国道歉。

阳僵弃酒（燕策一：人有恶苏秦于燕王者）

有人在燕易王面前诽谤苏秦说：

"武安君苏秦是天下最不讲信用的人，大王以万乘之尊却对苏秦那么恭顺，还公开在朝廷上尊崇他，这等于在向天下诸侯宣布大王喜欢和小人在一起呀！"

苏秦从齐国回来后，燕易王不肯到宾馆去拜访他（公元前333年）。苏秦觉得不对劲，就去见燕易王说：

"我本是东周的乡野小民,初见足下时,没一点儿功劳,而足下却到郊外迎接我,在朝廷上显扬我。现在我替足下出使齐国,收回燕国十城失地,有了保存危亡弱燕的功劳,足下反而不理睬我。这一定是有人在大王面前诽谤我,骂我不讲信用。要知道我不讲信用,正是足下的福气。假如我像尾生那样信实,像伯夷那样廉洁,像曾参那样孝顺,凭着这三样天下最好的品德来侍奉足下,好不好呢?"

"好啊!"燕易王说。

"有这样的品德,我也不会来侍奉足下了。"苏秦接着说,"像曾参那样孝顺,连一夜都不肯离开父母住到外面,足下怎能派他到齐国呢?像伯夷那样廉洁,不肯白吃饭不做事,认为周武王不义就不做他的臣子,辞却孤竹君的王位不做,宁肯活活饿死在首阳山,像这样孤芳自赏的义士,怎么肯步行数千里,来侍奉弱燕危殆不安的君主呢?像尾生那样信实,和女朋友在桥下约会,到时候女朋友没来践约,大水倒来了,他还是抱着桥柱不走而被淹死,信实到这种地步,怎么肯在齐国夸扬燕、秦的威势而建立大功呢?况且守信用的人,都是为了自己才那样做,并不是为别人,那是自我局限的方法,不是力求进取的途径。况且三王相继兴起,五霸轮流强盛,都不肯自我局限。如果自我局限可以的话,那么齐国的地盘就不会超过太公采邑营丘的范围,足下也不能逾越现有的国境、不能窥探边城以外的地方了。在东周我还有老母要孝养,如今离开老母来侍奉足下,这就是放弃自我局限的方法而寻求进取的途径。我的趣向本来就不应该和足下相合的,足下是个甘愿自我局限的君王,我却是个力求进取的人臣,这就是所谓'由于忠信而得罪君王'的缘故呀!"

"既然忠信,又怎么会得罪呢?"燕易王问。

"足下可能不知道这个故事:我有一个邻居只身到远方去做官,他的妻子在家里和别人很要好。等到做丈夫的快回家时,那个奸夫很忧虑,做妻子的却说:'你不必担心,我已经准备毒药酒欢迎他。'两天后做丈夫的回到家,做妻子的就叫女仆端酒给丈夫喝。女仆知道那是毒药酒,要是献上去,就会毒死男主人;要是说出来,疼她的女主人就会被赶走。女仆真是左右为难,最后故意跌倒,把毒酒弄翻了。男主人却为此勃然大怒,请女仆吃了一顿皮鞭子。像这位女仆,就是由于忠信而得罪呀!我今天的所作所为,不幸恰好有些类似于这位女仆。况且我侍奉足下,是为了提高燕国地位,希望对燕国有所帮助,现在竟反而获罪,我怕将来侍奉足下的贤士,再也不敢责求自己有所表现了。何况我去游说齐国,并不曾用欺诈的手段啊!这一趟去游说齐国,要是不用我所说的那一套话,即使尧、舜再世,齐国也不肯采信的。"

一策十可(齐策三:燕王死太子在齐质)

楚怀王死时(公元前296年),楚太子正好在齐国当人质,苏秦就对齐相薛公说:

"阁下为什么不把楚太子扣留住,以便跟楚国交换下东国?"

"不能这样做。"薛公说,"假如我扣留楚太子,楚人会另立他人为王。到那时我扣的是空洞无用的人质,而且落个不义之名,将见笑于天下人。"

"事实上不见得这样。"苏秦分析道,"楚国即使另立他人为王,阁下可以趁机对新王说:'给我下东国,我为王杀太子。不然,我将联合秦、韩、魏三国拥立太子为楚王。'如此一来,齐国必然能得到楚的下东国。"

关于苏秦的这项计策,纵横家拿来揣摩演练,衍生了十个"可以":(一)可以自请出使楚国;(二)可以催促楚王赶紧割让下东国给齐;(三)可以再叫楚国多割点土地给齐;(四)可以借着忠于太子而使楚再度割让土地;(五)可以为楚王驱逐太子;(六)可以忠于太子而叫他赶紧离齐;(七)可以劝薛公放逐苏秦;(八)可以为苏秦向楚请封;(九)可以派人向薛公游说善待苏秦;(十)可以使苏秦在薛公面前自我解说。

(事实上孟尝君后来把楚太子送回楚国即位,是为顷襄王。以下说辞,都是策士虚构的。)

苏秦又对孟尝君说:

"我听说:'计谋泄露的,事情就不会成功;计谋犹豫不决的,就不会成名。'如今阁下扣留楚太子,只是为了交换下东国,要是不赶紧得到下东国,那么楚国的政策一旦变化,阁下就真的空抱无用的人质而身负不义之名于天下了。"

"是呀!要怎么办才好呢?"薛公问。

"我愿替阁下到楚国去交涉,叫楚国赶快把下东国割让给齐。楚国肯割让土地,阁下就出名了。"苏秦回答。

"好吧!"薛公说。

于是薛公就派苏秦到楚国去交涉。这就是第一个"可以"。

苏秦到了楚国,对新立的楚王说:

"齐国想要拥立前太子为王。我看薛公所以扣留前太子,完全为了要获得下东国。现在大王如果不赶紧把下东国割让给齐,那么前太子就会用加倍于大王的割地,去贿赂齐国拥立自己为楚王。"

楚王说:

"谢谢!就照您的话办。"

于是楚王就把下东国割让给齐。这就是第二个"可以"。

接着苏秦又对薛公说:

"看楚国的现况,还可以多割一些土地。"

"怎样交涉呢?"薛公问。

"由我把楚割地的内幕消息透露给太子,让太子来拜见阁下,自动提出加倍的割地。阁下就表现出忠于太子,并故意让楚王知道,楚王必然割更多的地来讨好齐国。"苏秦说。

这就是第三个"可以"。

苏秦就去对楚太子说:

"齐国本来打算拥立太子为楚王的,贵国的新王却借割地来贿赂齐国,要齐国扣留太子,齐王还嫌所割的土地太少呢!太子何不加倍割楚地来讨好齐?那样的话,齐必然会拥立太子为楚王的。"

"好的。"楚太子当然答应。

于是楚太子就加倍割楚地给齐,极力拉拢齐国。楚王听到这个消息很恐慌,就割更多的土地给齐国,还怕事情不成功呢!这就是第四个"可以"。

苏秦又对楚王说:

"齐所以敢要求多割土地,因为挟持前太子呀!如今已得到土地还是需索不止,那是因为还可拿前太子来威胁大王呀!我有办法使前太子离开齐国。前太子一旦离开齐国,齐国失去了勒索的筹码,一定不敢背弃大王,大王趁机赶紧去跟齐结盟,齐必然接受的。

假如大王这样做，就消除了一个仇敌，又获得一个盟邦。"

楚王听了，很高兴地说：

"我愿率领全国臣民亲近齐国，请您帮帮忙。"

这就是第五个"可以"。

于是苏秦又对楚太子说：

"实际统治主宰楚国的是新王，空具虚名交涉的是太子，齐国未必相信太子的话，而新王的话却容易兑现。假如齐、楚邦交建立，太子必然危险。太子可要及早打算！"

太子感激地说：

"谢谢关怀，我会照您的吩咐办的。"

楚太子立刻准备车辆，趁着天黑离开齐国。这就是第六个"可以"。

苏秦又派人去对薛公说：

"劝阁下扣留太子的，是苏秦呀！苏秦并非真的为阁下着想，却是为了楚国的利益。苏秦怕阁下发觉，所以才多割楚地来掩饰。现在劝太子离齐的，又是苏秦，而阁下却不知道。我私底下真替阁下怀疑苏秦的居心。"

薛公听了这番话，对苏秦大大不满。这就是第七个"可以"。

苏秦又派人对楚王说：

"叫薛公扣留太子的，就是苏秦呀！使大王能取代楚太子而即位的，又是苏秦；割地以加强盟约的，又是苏秦；忠于大王而驱逐太子的，又是苏秦。现在有人向薛公说苏秦的坏话，因为苏秦为齐国打算得太少，替楚国着想得太多了。希望大王留意这件事儿。"

"谢谢您提供消息。"

于是楚王就封苏秦为武贞君。这就是第八个"可以"。

接着苏秦又派楚相景鲤对薛公说：

"阁下所以能受天下人重视，是由于能得天下之士而且掌握齐国的政权呀！如今苏秦乃是天下的辩士，世间少有。假如阁下疏远苏秦，那就等于堵塞了招揽天下人才的路，再也听不到高妙有益的言论了。阁下的政敌，万一重用苏秦，就会破坏阁下的好事。现在苏秦颇得楚王的信赖，如果阁下不及早结交苏秦，那就等于是你要跟楚结仇。所以阁下不如跟苏秦亲近，尊崇他重用他，这样阁下就可以拥楚自重了。"

于是薛公就对苏秦颇有好感。这就是第九个"可以"。

（以下原文缺第十个"可以"一段。苏秦究竟如何向薛公自我解说？请读者也揣摩揣摩。）

三人成虎（魏策二：庞葱与太子质于邯郸）

魏臣庞葱陪太子到赵都邯郸做人质（公元前336年），临行时对魏惠王说：

"假使有一个人说'街上有老虎'，大王相信吗？"

"不相信。"魏惠王说。

"假如有第二个人来说'街上有老虎'，那么大王会相信吗？"

"寡人将半信半疑了。"惠王回答。

"如果又有第三个人来说'街上有老虎'，大王会不会相信呢？"

"那寡人就相信了。"惠王回答。

"街上没有老虎是很显然的，但是经过三个人一说就变成有老虎。"庞葱接着说：

"如今邯郸离大梁，要比从王宫到市街远得多，而批评我的人，又何止三个哪！但愿大王能够明察。"

"放心好啦！寡人会记得的。"惠王向他保证。

于是庞葱就向魏王告辞上路，可是还没到达邯郸，诽谤他的话已经钻进惠王的耳朵。后来太子不当人质而回国，魏惠王就没再召见过庞葱。

美于徐公（齐策一：邹忌修八尺有余）

邹忌身高八尺有余，身形相貌很英俊。有一天早晨（公元前335年），他在穿衣服的时候，偷偷照着镜子，顾影自怜地对妻子说：

"我跟城北徐公比，哪一个英俊？"

"您英俊得多啦，徐公哪能及得上您！"妻子回答。

城北徐公，是齐国有名的美男子。邹忌自己信不过，又问问侍妾说：

"我跟徐公哪一个英俊？"

"徐公哪能及得上您！"侍妾回答。

第二天早晨有客人来访，邹忌同他坐着聊天，趁机问他：

"我跟徐公哪个英俊？"

"徐公当然不如阁下啦！"客人答道。

第三天，徐公来到邹家。邹忌仔细看了看他，自己认为不如他英俊，再照照镜子看看自己，更觉得相差太远了。晚上睡觉的时候，想起这件事，自言自语道：

"妻子夸赞我英俊，原是偏袒我呀；侍妾夸赞我英俊，原是害怕我呀；客人夸赞我英俊，原是有求于我呀。"

于是邹忌在上朝时对齐威王报告了这件事，齐威王听得笑呵呵。邹忌又感慨地说：

"我的确知道不如徐公英俊。我的妻子偏袒我，我的侍妾害怕我，我的客人有求于我，都夸赞我比徐公英俊。如今齐国的土地一千方里，拥有一百二十座城市，王后、妃子以及在大王跟前侍候的人，没有不偏袒大王的；朝廷里的臣子，没有不害怕大王的；四边国境以内的人，没有不是有求于大王的。由此可见，大王被人蒙蔽得太厉害了！"

"好！"齐威王说。

齐威王就立刻颁了一道诏令：

"凡是齐国臣民，能够当面指摘我的过失的，可领取上等的赏赐；能够用书面谏诤我的，可领取中等的赏财；能够在街头巷尾评论我的过失，让我听到的，可领取下等的赏赐。"

诏令刚一公布，群臣争先谏诤，王宫的大门口、天井里，都像街市那样拥挤。几个月以后，进谏的人渐渐少了，偶尔才来一次。一年以后，即使想谏诤，也没有可以进谏的事了。燕、赵、韩、魏等国听到这个消息，都到齐国来朝见齐王，这就是所谓的"在朝廷上打了胜仗"。

臣掩君非（东周策：周文君免工师籍）

周文君免掉工师籍的职务，改任吕仓为相（公元前333年），周人大为不满，周文君为此很烦恼。吕仓的客人就对周文君说：

"一个国家的舆论，一定有诽谤也有赞美的。忠臣让诽谤集中在自己身上，把赞美都归于君王。以前宋平公在农忙时叫百姓建筑游乐台，遭到人民的批评，于是子罕辞掉宰相而改任司空，亲自拿着棍子督工：人民就转而批评子罕而赞美宋君。齐桓公因为在宫中设了七个市板，用了七百名宫女，遭到国人批评。管仲故意在家里筑'三归'之台，娶九个妻妾，就是为了遮掩桓公的过错，让人们来怨恨自己。在《春秋》一书里记载臣子弑杀君主的事件多达数百，那些都是素孚众望的大臣。由此可见，大臣享有盛名，并非国家之福。常言道：'被众人推举的变强大，要是累积如山就不能动摇。'君王得提防工师籍哪！"

周文君经这一说，打消了罢免吕仓的念头。

网鸟之道（东周策：杜赫欲重景翠于周）

楚臣杜赫想叫周君重用景翠（公元前333年），于是对周君说：

"君王的国家很小，要拿贵重珠宝去讨好诸侯，因此用人可得慎重，才不会白花了。这好比张网捕鸟，如果把网拉在没有鸟的地方，拉一整天也捕不到鸟；拉在鸟多的地方，又会把鸟吓跑；一定要拉在有鸟与无鸟之间，才会捕捉到很多鸟。现在君王只施恩给那些大人物，大人物却看不起君王；要是把恩惠施给小人物，小人物对君王不能有什么帮助，只会浪费金钱。所以君王必须施恩给注定将成为大人物的现今的穷士，到时候一定可以满足君王的愿望了。"

易得难用（齐策四：管燕得罪齐王）

管燕得罪了齐威王，于是就问左右食客说：
"你们谁和我逃亡国外，投奔诸侯？"
左右的人都不开腔，默默不出声。管燕流着泪说：
"可悲啊！士人为什么容易得到而难以使用呢？"
田需忍不住搭腔道：
"士人每天三餐不饱，阁下的鹅和鸭却有吃不完的白米饭，后宫美女穿着绫罗素绢，拖着绮绣细纱，可是士人们连粗布衣都没得穿。财货是阁下所轻视的，生命是士人所重视的，阁下自己不肯把所轻视的给士人，反而来责备士人不把所重视的侍奉阁下。这并不是士人容易得到而难使用啊！"

变服折节（魏策二：齐魏战于马陵）

马陵之战，齐军歼灭魏十万大军，杀死魏太子申（公元前341年）。魏惠王把宰相惠施找来（公元前336年），很痛心地说：

"那齐国，是寡人的仇敌，我到死也不会忘记这深仇大恨。魏国虽小，我老是想动员全国兵力来报仇。您认为怎么样？"

惠施回答说：

"不可以。我听说：'称王天下的能守法度，称霸天下的善用计谋。'现在大王告诉我的，既不合法度，又远离计谋。大王本来先怨恨赵国，然后才派兵攻打齐国的。现在既战败了，国家已丧失了防御措施，大王又要倾尽国力去攻齐，这就违背了我所说的守法度用计谋了。大王如果一定要报复齐国，那不如就改变服装，屈折志节，以诸侯的身份去齐国朝贡。这样一来，楚王一定会大怒；大王再派游说之士去挑拨两国，那么楚国必然攻打齐国。凭安定的楚国去讨伐疲惫的齐国，齐国必然会溃败的，这就等于是利用楚国来摧毁齐国呀！"

魏惠王说：

"好计策！"

于是魏王就派特使到齐国，表示愿意以臣子之礼朝见齐王。

齐相田婴答应魏的请求，可是张丑却说：

"不可以接受这种朝贡。假如我们在没有战胜魏国以前，就得到魏国的朝贺，那么跟魏讲和之后再和楚国礼尚往来，将来就可以大胜天下。现在我们已经战胜魏国，歼灭魏的十万大军，杀掉魏太子申，要是再叫拥有万辆兵车的魏国来臣服朝贡，使得秦、楚也落在下风，那么齐国凶暴狠戾的恶名就确定了。况且楚威王生性喜好用兵，又贪图名誉，要是接受魏的朝贡，最后成为齐国忧患的，必然是楚国。"

　　田婴没有采纳张丑的意见，终于接受魏惠王的要求，带着他去朝见齐威王，一连好几次。赵肃侯很讨厌这种情势，楚威王更是愤怒。楚王终于亲自率兵讨伐齐国，赵国也派兵响应，结果大败齐军于徐州（公元前333年）。

树难去易（魏策二：田需贵于魏王）

　　田需很受魏惠王的重视，惠施曾向他建议道：

　　"阁下一定要好好对待君王左右的人。那杨树，横着栽可以活，倒过来栽也可以活，折断了栽还可以活。然而派十个人栽杨树，叫一个人来拔它，就不会有活的杨树了。凭着十个人的多数，栽种容易生长的杨树，却抵不过一个人的破坏，是什么道理呢？因为种起来难，而拔掉容易呀！如今阁下虽然把自己树立在君王的心中，而想把阁下拔掉的人却很多，那阁下的处境必然危险了。"

雪甚牛目（魏策二：魏惠王死）

魏惠王死了（公元前319年），出殡的日子快到了，却下起大雪，雪深到达牛眼睛，连城墙都被压坏。太子准备搭架栈道送葬，群臣多谏阻说：

"雪下得这么大还去送葬，人民一定感到很痛苦，朝廷的费用又恐怕不够，请延期改日吧！"

"为人子的，如果为了劳民伤财的缘故而不如期举行先王的丧礼，就不孝了。你们不必再讲了！"魏太子说。

群臣都不敢再讲，却去报告宰相犀首（公孙衍）。犀首说：

"我也没办法去劝。这大概只有惠公才能劝阻吧！让我去告诉惠公。"

惠施知道了以后说：

"好的！"

于是惠施就坐车去见魏太子，说道：

"出殡的日子快到了。"

"是的。"太子说。

惠施接着说：

"古时周文王的父亲季历葬在楚山之麓，坟墓被水浸坏，棺材前面的木头露出来。文王说：'唉！先君一定是想见一见群臣百姓吧！所以才让水浸坏坟墓，露出棺木来。'于是就把棺木挖出来，张设帐幕，让季历接见百姓和群臣。臣民都参见完毕，过了三天才改葬。这就是文王的孝呀！现在出殡的日期快到了，而雪下得这么大，积雪深达牛眼睛，送葬的行列难以进行。太子要是如期安葬，难道不会有恨不得快点埋葬的嫌疑吗？希望太子改一改日期。先王一定是想多待些日子，以便扶持国家，安定百姓，所以才让雪下得这么大。趁此展延葬期而重卜吉日，这就是文王的孝啊！假如不照这样做，难道是以效法文王可耻吗？"

魏太子说：

"这话很有道理，那就延期择日再安葬吧！"

惠施不只是能言善道，使得魏太子延期安葬先王，而且又乘机介绍了文王的孝。解说文王的孝，明示天下后世，这功劳实在太大了。

日见七士（齐策三：淳于髡一日而见七人于宣王）

淳于髡(kūn)在一天内连续介绍七个人给齐宣王。

齐宣王叫道：

"请贤卿过来！寡人听说：'在千里之内如果有一个贤士出现，就好像和他并肩而立那样近；在百世之间如果有一个圣人出现，就好像一个接一个而来那样多。'现在您一天内就介绍了七个人，岂不是显得贤士太多了吗？"

"大王的话不对！"淳于髡说，"俗语说：物以类聚。羽毛相同的飞鸟才停在一起，脚爪相同的野兽才走在一块儿。在低洼地找柴葫和桔梗这种药材，一辈子也找不到，到睪黍山或梁父山的北面，就多得可以用车来载。我既然是属于贤人的一类，君王向我求贤士,就好像到河里打水、用火石打火那样简单。我还要继续引见,又何止七位呢!"

璧马止攻(魏策三:齐欲伐魏魏使人谓淳于髡)

魏惠王派人跟淳于髡说(公元前333年):

"齐国想要攻打魏国,能够解除魏国外患的,只有先生了。敝国有宝璧两双和美丽毛色的马八匹,要奉献给先生。"

"没问题!"淳于髡乐得答应了。

于是淳于髡就入宫对齐威王说:

"楚国是齐的仇敌,魏国才是齐的友邦。攻打友邦而让仇敌趁我疲惫入侵,不但落得个恶名,事实上也危险。"

"好吧!听从你的。"齐威王说。

齐王已决定不攻打魏国了,却有个宾客来对威王说:

"淳于髡私下接受魏国的宝璧骏马,才主张不攻打魏国。"

齐王听了觉得很不是滋味,回头就责问淳于髡说:

"听说先生接受魏国的贿赂,有吗?"

"有的!"

"那么先生为寡人策划的事又怎么说呢?"

淳于髡慢条斯理地回答道:

"假如攻打魏国的事不利于齐,那么魏国即使把我刺死,对大王又有什么好处呢?假如大王真的认为伐魏不利于齐,魏国即使加封我,对大王又有什么损失呢?况且大王没有攻打盟邦的恶名,魏国没有被灭亡的危险,人民没有遭受兵灾的忧患,而我有宝璧骏马可用,对大王又有什么损害呢?"

田父擅功(齐策三:齐欲伐魏淳于髡谓齐王)

齐国打算派兵攻打魏国(公元前333年)。淳于髡对齐威王说:
"韩子卢是天下跑得最快的狗,而东郭逡是海内最狡猾的兔。有一天韩子卢追逐东郭逡,绕着山追了三圈,翻越了五座山岭,结果跑在前面的兔子精疲力竭,落在后面的狗也仆伏在地,狗和兔都累坏了,分别死在那里。一个农夫看见了,不费一点力气就得到兔和狗。如今齐、魏连年交战,武器损坏,军队疲惫,我唯恐强大的秦、楚跟随在后边,会像农夫一样不劳而获。"
齐威王听了很害怕,赶紧遣散已征调的将士。

一语救薛(齐策三:孟尝君在薛)

孟尝君被贬退居封邑薛城时,被楚人围攻(约公元前294年),齐王都不理会他。淳于髡出使楚国回来,路过薛城,孟尝君赶到郊外迎接,跟淳于髡说:
"楚人攻打薛城,先生要是漠不关心,我恐怕就没办法再伺候您了。"

淳于髡说：

"请放心。"

淳于髡回到齐国，报告了出使情形后，齐闵王问道：

"在楚国还看到什么？"

"楚人太野蛮，而薛也不自量力。"

"什么意思呢？"闵王问。

淳于髡说：

"薛不自量力，偏偏要为先王立清庙，楚人不讲理，出手就打他。眼见清庙将被摧毁，我才说'薛不自量力，楚人太野蛮'。"

"是呀！先王的庙在那里！"闵王关切地说。

于是闵王赶紧派兵救薛。

连鸡难栖（秦策一：秦惠王谓寒泉子）

秦惠王对处士寒泉子说（公元前328年）：

"苏秦轻蔑我，企图凭个人的雄辩，鼓动山东诸侯，缔结'合纵之盟'来抗拒秦国。赵原本就自负兵力雄厚，才会派苏秦拿重礼去联合诸侯。但是山东诸侯不能团结，就像绑在一起的鸡不能安静栖息一样，这是很明显的道理。我早就恨透了，想派武安子赶到山东去告诫他们。"

"不可以。"寒泉子回答说，"攻城略地，可以派武安子，出使诸侯建邦交，那就得派客卿张仪才行！"

秦惠王说："好吧！就听你的高见。"

为我罢(日)人（秦策一：陈轸去楚之秦）

陈轸离开楚国回到秦国时（公元前329年），张仪对秦惠王说：

"陈轸身为大王的臣子，竟然常把国家机密透露给楚国。我张仪不能跟他共事，希望大王赶他走。如果他想到楚国去，大王可要杀掉他！"

"陈轸怎么敢再到楚国呢！"秦惠王说。

于是秦惠王就把陈轸叫来，跟他说：

"我会尊重你的意见，只要你说出想到哪里，我就替你准备车子。"

"我宁愿到楚国！"陈轸回答。

"张仪认为你会到楚国去，我自己也知道你必定要到楚国。你除了楚国，又能够在哪里安身呢！"

"我被赶走，一定故意到楚国去，好顺从大王和张仪的想法，借此来表明我不是跟楚国勾搭。"陈轸说，"楚国有个人讨了两个太太。某甲去挑逗那个年纪大的，那个年纪大的破口大骂，去挑逗那个年纪小的，年纪小的欣然接受了。没多久，拥有两妻的男人死了。有个客人问某甲说：'你要娶那个年纪大的，还是年纪小的呢？'某甲竟回答说：'娶年纪大的！'客人问：'年纪大的臭骂过你，年纪小的和你相好，你为什么要娶年纪大的？'某甲说：'当她做别人的妻子时，我希望她能接受我的挑逗，如果做了我的妻子，就要她替我骂人啦！'现在的楚怀王是位贤明的君主，昭阳也是位贤相。我陈轸身为大王的臣子，如果经常透露国家机密给楚王，那么楚王必定不肯收留我，昭阳也不愿跟我同朝共事。从楚王会不会收留我，就可以表明我是不是跟楚国勾搭过，所以我要是被赶走，一定故意到楚国去。"

惠王听了，认为有道理，从此就对他特别好。

移天下事（魏策一：陈轸为秦使于齐）

陈轸为秦出使齐国（公元前 323 年）。当他经过魏国时，求见犀首（公孙衍），犀首却辞谢不见。陈轸又传话给犀首说：

"我所以来看你，是为了天下大事。阁下既然不肯见我，我就走了，我不能待太久。"

犀首赶紧接见陈轸。陈轸一见面就说：

"阁下讨厌天下事吗？为什么光吃喝而不做事？"

"我由于无能，才无法总揽各国间的交际事务，怎么敢讨厌天下事呢？"犀首说，情绪很低落。

"我要把天下诸侯的事务转移给阁下。"陈轸说。

"怎么说呢？"犀首问。

陈轸说：

"你们君王既然派赵人李从率领战车百辆出使楚国，阁下可以在这里头做文章。阁下可以去向魏王说：'我跟燕、赵有旧交情，他们屡次派人来邀请我说:"没事的时候一定来玩玩哪!"现在我清闲一点了,请让我告个假去一趟。不会太久的,只要十五天。'魏王必然没理由阻止阁下的。阁下获准出国,就在朝廷上扬言说:'我急着要出使燕、赵两国,正忙着准备车辆整理行装。'"

"好计策!"犀首说。

于是犀首就去向魏王告假。魏王答应了,犀首就在朝廷里对外扬言将出使燕、赵。各诸侯国的宾客探到了这个消息,都派专差回国向自己的国君报告说:

"李从率战车一百辆出使楚国,现在犀首又要率战车三十辆出使燕、赵。"

齐威王唯恐结交魏国落在天下诸侯之后,赶紧把国事委托犀首。犀首接受了齐王的委托,魏王就不让他到燕、赵去了。燕、赵知道了这件事,也把国事委托给犀首。楚怀王听到以后说:

"李从虽然来拉拢寡人,但是如今燕、齐、赵都把国事委托犀首,犀首一定也希望寡人委托他,寡人也乐意这样做。"

于是楚怀王就背弃了李从,而把国事委托犀首。

魏惠王终于说:

"寡人所以不派犀首管理与他国交际的事务,是认为他不行,现在四国都把国事托付他,寡人也要把国事托付他。"

犀首终于掌握了管理与他国交际的事务,同时更出任魏国宰相。

画蛇添足（齐策二：昭阳为楚伐魏）

昭阳为楚国伐魏，歼灭敌军，杀死敌将，攻下了八座城池，又转兵攻打齐国（公元前323年）。说客陈轸奉齐威王的使令，往见昭阳，一见面就一再拜贺战事的胜利，等昭阳扬扬自得时，却站起来问道：

"照楚国的法律，歼灭敌军杀死敌将，可得何等官爵的封赏？"

"官为上柱国，爵为上执珪。"昭阳回答。

"比这更尊贵的，还有什么呢？"陈轸问。

"只有令尹啦！"昭阳回答。

"令尹确实尊贵，但是楚王不曾设置两个令尹呀！"陈轸说，"我替将军打个比方，楚国有人祭祀祖先后，将一罐四升的酒赏给门客。门客们喝道：'几个人一起喝不过瘾，一个人独喝才痛快，让我们在地上画条蛇，先画好的喝酒。'某甲先画好了蛇，拿起酒来要喝，一看别人还没画半条，左手拿着酒罐子，右手继续画蛇，笑道：'哈哈！看我还能画蛇添脚！还没等某甲把脚画好，另外一个人的蛇也画好了，抢过酒罐子，说道："蛇本来就没有脚，你怎么能替它画脚呢？'说完就喝下那罐酒。某甲为了画蛇脚，结果失去了他的酒。现在将军帮助楚国攻魏，消灭了敌军，杀了敌将，占领了八座城池，楚国的军队还没有疲惫，将军还想攻打齐国。齐国很怕将军，将军显显威风也够了，将军的英明已经到达顶峰了。要知道，战无不胜的人，要是不懂得适可而止，将招来杀身之祸，官爵将归属后来的人，就像画蛇添足的人一样。"

昭阳于是停止攻齐，收兵回国。

侁兼两虎（秦策二：楚绝齐齐举兵伐楚）

楚国片面跟齐断绝邦交，齐国就发兵来讨伐楚国。客卿陈轸对楚怀王说：

"大王不如送块土地给东方的齐国冰释前嫌，一面跟西方的秦国拉关系。"

楚怀王就派陈轸出使秦国（公元前312年）。

秦惠王对陈轸说：

"贤卿本来就是秦国的人，我和您又有旧交情。我不够贤明，不能亲自处理国事，以致使贤卿离弃我而侍奉楚王。如今齐楚两国交战，有的主张救齐有利，有的认为求齐不利。贤卿除了尽心为自己的主君谋划外，难道不能用多余的智慧为我着想吗？"

陈轸回答道：

"大王难道没听说过吴国人到楚国做官的故事吗？楚王很喜欢这位客卿，某次这位客卿病了，楚王特别问左右侍臣说：'是真病呢，还在思念故国呢？'左右侍臣回答说：'我不知道他是否思乡，让我再去探探，如果思念故乡，病中就会哼出吴国腔来。'现在陈轸就要替大王哼出'吴国腔'。

"大王没有听过管与的话吗？有两只老虎因为争吃人肉而搏斗起来，管庄子准备去刺杀这两只老虎，管与却阻止他，说道：'老虎是贪狠的大虫，人肉又是它们香甜的食物，现在两只老虎为了争吃人肉而打斗，小的一定会死掉，大的一定会受伤。你等着去刺杀那只受伤的老虎吧！这是一举而杀两虎的妙计。没有刺杀一只老虎的辛劳，倒获得刺杀两只老虎的英名。'

"如今齐楚两国交战，齐国注定战败，等齐国战败了，大王再派兵介入，既能获得救齐的好处，又没有伐楚的害处。采信了计谋，还懂得进一步反复揣测的，只有大王能够做到吧！计谋，是办事的蓝图；采信，是存亡的关键。计谋错了，采信错了还能够保有国家的，少得很。所以说，计谋能够再三反复思虑的，就不会有错误；采信不失却本末兼顾的，就不会被迷惑。"

黠(xiá)麋(mí)困网（楚策三：秦伐宜阳楚王谓陈轸）

秦国攻打韩国宜阳时（公元前308年），楚怀王对陈轸说：

"寡人听说韩国的公仲侈（当时守宜阳）是智谋之士，精通天下诸侯的政情，大概能够守住宜阳城。正因为他能守住宜阳，寡人想趁这个机会送个人情给他。"

"算了！大王千万别这样做。"陈轸回答说，"公仲侈的智慧，这一次完全枯竭了。在栖息山川的野兽中，再没有比麋鹿更狡猾的，麋鹿知道猎人先在前面张了网，才来赶它去落网，因此就往回跑，猛撞猎人而突围。老于狩猎的人知道它的狡猾，于是张网朝前赶，麋鹿重施故技来撞人，就被网住了。现今诸侯明知公仲侈善于权诈之术，举起网朝前赶的必然很多。请大王别做这个人情去讨好他。

公仲侈的智慧，这一次完全枯竭了。"

楚怀王采纳了陈轸的建议，没有向公仲侈送秋波。后来宜阳果然陷落（公元前307年），不出陈轸所料。

献珥(ěr)知宠（齐策三：齐王夫人死）

齐威王夫人死了（公元前323年），有七名妙龄美女都很受威王的宠爱。薛公靖郭君田婴，想知道威王究竟要立哪一个美人为夫人，就献给威王七副玉耳环，其中一副特别美。第二天，靖郭君看准那个美人戴最美的耳环，就劝威王立她为夫人。

说海大鱼（齐策一：靖郭君将城薛）

靖郭君田婴打算筑高封邑薛城时（公元前323年），很多宾客来谏阻他。靖郭君不耐烦，嘱令传达的人，不要替宾客通报。齐国有个人来求见说：

"我拜见靖郭君时，只说三个字，要是多说一个字，我甘愿被烹煮。"

靖郭君感到新奇，就答应接见他。这个客人快步走到靖郭君面前，一字一顿说：

"海——大——鱼。"

客人一说完，转身就走。

"别走，你把话说清楚。"靖郭君赶紧制止他。

客人回答说：

"小的不敢拿生命来开玩笑！"

"不怪你，请详加解说。"靖郭君催促他。

客人说：

"阁下没听说过大鱼吗？大鱼大到渔网不能够抓它、鱼钩不能够牵动它的时候，一旦自己放肆，离开了水，那么连蝼蛄、蚂蚁都能随心所欲享用它了。如今齐国是阁下的水，阁下能够永远保有齐国，那还要薛做什么呢？如果失掉齐国，即使把薛的城墙修得高耸云霄，还是没有一点用处的。"

靖郭君认为很有道理，于是停止修筑薛城。

士为知己（齐策一：靖郭君善齐貌辨）

靖郭君田婴很器重食客齐貌辨。齐貌辨在做人方面，小毛病很多，食客们都讨厌他。有一位食客叫作士尉，一再建议靖郭君把齐貌辨撵走，可是靖郭君不听，结果士尉就拂袖而去。靖郭君的儿子孟尝君田文，也偷偷劝谏驱逐齐貌辨。靖郭君大发脾气，骂道：

"即使把你们都杀死，即使弄得我家破人亡，如果能够使齐貌辨高兴，我也在所不惜！"

于是田婴特别拨上等的宾馆给齐貌辨住，并且派长子朝夕侍候他吃饭。

几年以后，齐威王死了（公元前321年），田婴的异母兄宣王即位。靖郭君和宣王的感情很不好，就离开首都到封邑薛城去（公元前320年），齐貌辨也一道去。没住几天，齐貌辨向田婴告辞，要求回首都觐见宣王。靖郭君舍不得他去，说道：

"君王很讨厌我田婴，您去见他，岂不是找死！"

"我根本就不想活，请一定让我走。"齐貌辩说。

靖郭君劝不了他，齐貌辨终于回到齐都临淄。齐宣王知道他来，满肚子怒气等待着。

齐貌辨慢条斯理地，终于来拜见宣王。宣王破口就问：

"你是靖郭君最宠爱、最信任的人吗？"

"说宠爱我，还可以谈得上，至于说信任我，却没这回事。"齐貌辨回答，"当大王还是太子时，我曾跟靖郭君说：'太子长得一副不仁的相貌，下巴太大，眼神如猪。让这种人当国君，施政一定背离正道。不如把太子废掉，改立卫姬之子郊师为太子。'靖郭君竟然哭着说：'不可以，我不忍这样做。'假如当年听从我的话，也不会有今天的祸患了，此其一。靖郭君到了薛城，楚相昭阳要用数倍之地来换薛，我又说：'一定要接受。'靖郭君却说：'从先王承受的薛城，虽然后王讨厌我，我这样做，又怎么对得起先王呢？况且先王的灵庙就在薛，我怎么可以把先王的灵庙送给楚国呢？'靖郭君又不肯听我的建议，此其二。"

齐宣王听了这番话，长叹一口气，很认真地说：

"靖郭君对我，竟然爱护到这种地步！我为什么没留意到这些呢！您肯帮我请靖郭君回国吗？"

"遵命。"齐貌辨回答。

于是靖郭君穿戴上齐威王的旧衣冠，佩上齐威王赏赐的剑，回到齐都临淄。宣王亲自到郊外迎接靖郭君，一看到靖郭君就哭泣，因为靖郭君长得很像威王，让他想起了父亲。

靖郭君进宫以后，宣王请他出任宰相。靖郭君一再辞谢，最后不得已才接受了相印。可是才当了七天，靖郭君又称病请辞，宣王不接受他的辞呈，每三天就去向他请教一次。

靖郭君真可称得上善于赏识人才，唯其能赏识人才，遭到了非难却不至于动摇信心，这也就是齐貌辨乐于为他舍生赴难的原因呀！

反客为主（中山策：司马憙使赵为己求相中山）

中山臣司马憙派人到赵国去活动中山宰相的职位（公元前323年），公孙弘暗中知道了这件事。有一天，中山王出外巡视，由司马憙担任驾御，公孙弘陪坐在右边。公孙弘乘机对中山王说：

"做人臣子的，要是假借大国的威势来为自己谋取宰相之位，大王将怎么办呢？"

"我要吃掉他的肉，一点儿也不分给别人。"中山王说。

司马憙一听这话，就对着车前的横木猛叩头说：

"我自己知道死期到了！"

中山王问道：

"为什么？"

"我可能要抵罪的。"

"继续赶车走吧！我知道了。"

过了一段时间，赵国派人来中山，替司马憙谋取宰相之位。中山王很怀疑那是公孙弘设下的陷阱，公孙弘只好赶紧逃走。

行诈立后（中山策：阴姬与江姬争为后）

阴姬和江姬争立为中山王后（公元前309年），司马憙(xī)对阴姬的父亲说：

"如果能够被立为后，就能拥有土地治理人民，如果不成功，恐怕连命都保不住。假如想成功，怎么不来找我呢？"

阴姬的父亲磕头说：

"要是如阁下所说的，那么事成后怎么报答，也不是一下子能说完的。"

司马憙实际上很想巩固自己的地位，于是上书中山王说：

"我能够使赵国衰弱，使中山强大。"

中山王看了很高兴，就召见司马憙说：

"你快谈谈使赵国衰弱中山强大的方法。"

司马憙说：

"我还前往赵国访问，先观察它的地形险阻、人民贫富以及君臣的优劣情形，然后才能订下策略。"

中山王就派司马憙到赵国考察。司马憙到了赵国，觐见武灵王说：

"我听说赵国是天下能歌善舞的美女的摇篮，但是现在我来到赵国，游览邯郸都城，观察人们的习俗、容貌、仪态，根本没发

行诈立后

现特别漂亮的美女。大概因为我走过的地方太多了，看过的美女太美了。尤其是我从来没见过像中山王阴姬那样美的，不知道的人，还以为她是仙女呢！她的美，可不是言语所能形容的。她的容貌颜色，固然远超过绝代佳人，她那娇艳的面庞更是迷人，她的眼睛、鼻子、脸颊、眉毛、额角之美，真是该当帝王的后妃，不该只当诸侯的姬妾。"

赵武灵王动了心，哈哈大笑说：

"我想把这位美人弄来，你认为怎样？"

司马憙说：

"我只是私下念念不忘她的美，所以谈起来就不能不称道一番。如果大王想去求她，这就不是我敢谈的。希望大王不要让人知道我提过她啦！"

司马憙推辞掉武灵王的请托，就回去向中山王报告说：

"赵王并非贤王，不能去惹他。他不重道德而好女色，不好仁义而好勇力。我还听说赵王想来要大王的阴姬呢！"

中山王听了这话，立刻变了脸色。司马憙紧接着说：

"赵国强大，一定会来要阴姬的。假如大王不给，那国家就危险，给的话，就会被天下诸侯嘲笑。"

"那该怎么办呢？"中山王问。

司马憙说：

"大王马上立阴姬为王后，来斩断赵王的邪念。世界上还没听过向人要王后的，即使赵王想提出要求，邻国也不会答应。"

于是中山王就册立阴姬为王后，后来赵王也没提出什么要求。

战国策：隽永的说辞

不嫁之女（齐策四：齐人见田骈）

齐人去见处士田骈（pián），说：

"听说先生是位有操守的高逸之士，发誓不做官。假如先生真的不做官，我倒乐意为您服劳役。"

"您怎么听来的？我并没做官呀！"田骈惊讶地问。

"我从邻居的女子那里听到的。"齐人回答。

"她怎么说呢？"田骈又问。

"我那个妙芳邻存心不想出嫁，但是她三十岁生了七个孩子。不想出嫁是不想出嫁，但是事实上等于嫁过了。现在先生存心不做官，但是享受千钟的厚禄，仆役有一百多名，不做官是不做官，但是和做官的人一样富有。"齐人说。

田骈听了，只能压低声音一再向齐人道谢。

明主贵士（齐策四：齐宣王见颜斶）

齐宣王召见齐处士颜斶（chù），命令道：

"斶，到前面来！"

颜斶也说：

"王，到前面来！"

齐宣王很不高兴。左右侍臣警告颜斶说:

"王,是国君;斶,是臣子。王说'斶,到前面来',斶也说'王,到前面来',可以吗?"

"要知道斶到前面来是贪慕权势,王到前面来是礼贤下士。"颜斶答道,"与其叫斶贪慕权势,不如叫王礼贤下士。"

"王者尊贵呢?还是士尊贵?"齐宣王声色俱厉地问。

"士尊贵,王者并不尊贵!"

"有理由吗?"宣王问。

"有的。"颜斶答道,"从前秦国攻打齐国,秦将下了一道命令说:'敢在柳下惠的坟墓周围五十步以内砍柴的,处死刑!'又命令说:'能得到齐王人头的,封万户侯,赏赐黄金千镒!'这样看来,活王的人头,竟不如死士的坟墓。"

宣王不再吭声,心里很不高兴。这时左右的人都说:

"颜斶过来!颜斶过来!大王拥有千辆战车的大国,铸造了一千石重的大钟和一万石重的大钟架,天下的士人,不管仁者智者都来为大王效命,有口才有智慧的人也都来贡献意见,四面八方的人没有不来服从命令的。大王所需要的东西无不齐备,全国人民无不心服。当今那最上等的士人,才称作匹夫,鄙贱地生活在农村里,那下等的更住在穷乡僻壤,有的不过给老百姓看守里门。做士人的,太下贱了!"

"并不是这样。"颜斶答道,"斶听说古代大禹的时候,有一万个诸侯国家。为什么会这么多呢?因为都能够施行德政、尊贵士人呀!所以舜出生在穷乡僻壤,却做了天子。到了汤的时候,诸侯国家还有三千。可是到了现代,南面称王的只剩下二十四人。由此看来,还不是因为不能尊重士人,才一个一个被消灭掉?等到灭亡之后，后裔已绝，就是想替老百姓看守里门，还能够办得到吗？《易传》说：'居上位却不实行一些具体的办法，只喜欢标榜虚名的，他的行为一定流于傲慢奢侈，行为傲慢奢侈，凶险也就随着降临。'所以，不实行具体办法而只喜欢标榜虚名的，土地就日渐缩小；不做好事而希望享福的，生活就日渐穷困；没有功劳而妄得禄位的，个人就蒙受侮辱。这样，祸患必定跟踪而至。所以说：'只有好大喜功的野心，不能建功立业；只有空愿而不去实行，无法使愿望实现。'这就是只爱虚名和表面的浮夸，而不实际上真正做点好事的那类人呀。所以尧治天下，起用九个士人来辅佐他；舜治天下，结交七位士人做朋友；禹治天下，擢升五个士人帮他办事；汤治天下，引拔三个士人做助手。从古到现在，没有只爱虚名而能治天下的，可见君王不以屡次请教他人为羞耻，不以向下位的人学习为惭愧，所以尧、舜、禹、汤、周文王能够建立德业，使功名流传到后世。所以说：'无形是有形的主宰，事情未发生之前是事情已发生之后的根本。'既然上能溯知事物的本源，下能通晓事物的流变，做个最圣明的人，彻底明白事物发展的规律，怎么还会有不吉祥的事情发生呢？老子说：'虽然尊贵，必以卑贱为根本；虽然崇高，必以低下为基础。所以侯王自称孤、寡、不谷，这是他们懂得虽尊贵却应以卑贱为根本的缘故吧！'说到孤、寡这等名称，本是代表人类最低下卑贱的地位的呀，高贵的侯王却拿来自称，难道不是自居人下而对士表示尊敬吗？要知道尧肯把天下传给舜，舜肯把天下传给禹，周成王能够任用周公旦，后世才一直称他们为明主，正因为他们明白士人的可贵呀！"

齐宣王说：

"唉！君子怎么可以侮辱呢！这是我自讨没趣啊！现在听了君子的话，才知不尊重士人原来是小人的行径。我想请您收我为学生。颜先生要是同我交往，吃饭一定吃上肉，出游一定有车坐，妻子儿女的衣服更是华丽无比。"

颜斶听了齐宣王的话，立刻告辞说：

"玉本来生在山里，经过匠人的裁取就破了，这样一来，玉的价值并不是不宝贵，却已不能恢复原来璞石的面貌。士人也一样，本来生在穷乡僻壤，经过国君的提拔录用而得到禄位，这样一来，士的地位并不是不尊崇，却已不能恢复原来的精神形貌。我颜斶宁愿回到乡野，故意晚一点吃饭，再粗劣的菜也像肉那么香；安闲无忧地散步，也像坐车那么舒服；虽然没有禄位，却不易得罪，也算是富贵了；清清静静地保持纯正的节操，也可以自得其乐。叫我说话的是大王，尽忠直言的是斶。我想说的重要道理都说完了，希望放我回去，让我安闲地走，回到我那在偏僻小邑的屋子！"

颜斶拜了两拜就告辞走了。

颜斶知足了。像玉石返璞那样，恢复了布衣面貌，便一生不再遇到侮辱了。

王不好士（齐策四：先生王斗造门而欲见齐宣王）

王斗先生来到王宫前，要见齐宣王，宣王叫传达的侍臣请他进来。王斗却说：

战国策：隽永的说辞

"我去见君王，就表示我爱慕权势，让君王来见我，就表示君王喜欢士人。不知道君王要怎么样？"

侍臣把这话回报齐宣王以后，宣王说：

"请王先生等一等，让我亲自去迎接。"

宣王就到宫门口去迎接王斗，和他一起走进宫来。

宣王说：

"我继承先王的宗庙，维护社稷，早就听说先生喜欢正言直谏，不避忌讳。"

"大王听错了，我降生于乱世，侍候昏乱的国君，怎敢直言正谏呢？"王斗回答。

齐宣王听了满脸怒气，很不高兴。过了一会儿，王斗又说：

"从前先君桓公有五样喜好，终能九次大会诸侯，匡正天下，由周天子亲授封地，立为太伯，当诸侯的领袖。现在大王也有四样喜好，和先君桓公相同。"

宣王听了这话，很高兴地说：

"我这么鄙陋，治理齐国唯恐失误，怎能有四样和他相同呢？"

"别客气！"王斗说，"先君喜欢马，大王也喜欢马；先君喜欢狗，大王也喜欢狗；先君喜欢酒，大王也喜欢酒；先君喜欢女色，大王也喜欢女色；先君喜欢士人，大王却不喜欢士人。"

"当今这个世界根本没有士，叫我去喜欢谁？"宣王愤愤不平地喊着。

"世界上没有骐骥、騄（lù）耳等名驹，但是大王驾车的马都齐备了；世界上没有东郭俊、卢氏等名狗，但是大王的猎犬已齐备了；世界上没有毛嫱、西施等美女，但是大王的后宫已住满了妃嫔。大王只是不喜好士人罢了，哪愁没有士呢？"王斗从容不迫地说。

"我天天忧心国家大事,关心老百姓的生活,实在很想得到真正的士来治理国家呀!"齐宣王说。

"大王的忧国爱民,还比不上爱一尺绉纱。"王斗说。

"什么意思呢?"宣王问。

"大王叫人做王冠,不叫左右亲信的人做,而是叫专门制帽子的人来做,为什么呢?因为他会做呀!现在大王治理齐国,除了左右亲信的人,一概不重用,所以我才说'比不上爱一尺绉纱'。"王斗解释道。

"这样说来,我真对不起国家。"宣王歉疚地说。

于是齐宣王就选拔了五位士人担任重要官职,使得齐国大治。

久坐败遇（魏策一：齐王将见燕赵楚之相于卫）

齐闵王邀请燕、赵、楚三国宰相在卫国开会,却不叫魏国参加。魏惠王很害怕,担心他们会讨论攻打魏国的事,于是就找公孙衍商量(公元前322年)。公孙衍说:

"让我去破坏他们,只要黄金一百斤。"

魏惠王赶紧替公孙衍准备车辆,装上百斤黄金。公孙衍估计齐闵王到达的日期,率领五十辆战车先到达卫国,把黄金百斤赠送给正在安排会场的齐国外交官,请求安排个时间让他先觐见齐王。公孙衍果然抢先觐见,凭着他的才学识见,安闲从容地谈天说地,坐了很久的时间,以致耽误了原定的会议时间。

那三国的宰相等得不耐烦,都在抱怨,一看到齐王都说:

"大王跟我们三国相约要排挤魏国,现在魏国派公孙衍来,大王却跟他密谈那么久,是不是跟他图谋三国呢?"

齐闵王分辩道:

"魏王听说寡人来,才派公孙衍来问候寡人,寡人并没跟他讲什么呀!"

燕、赵、楚三国宰相,都不肯相信齐王,结果会盟就流产了。

义渠袭秦（秦策二：义渠君之魏）

义渠国君到魏国的时候,魏将公孙衍对他说:

"两国路途隔得这么遥远,今后恐怕难得再拜见君王了,请听我报告一点内幕消息。"

"很乐意听听。"义渠君说。

公孙衍说:

"假如中原诸侯不攻打秦国,那么秦将烧掉山野草木,修一条路去夺取君王之国;假如中原诸侯攻打秦国,那么秦将派急使送重礼去巴结君主。"

"我会记住您的话。"义渠君说。

过没多久,楚、燕、韩、赵、魏五国联军攻秦（公元前318年）。说客陈轸对秦惠王说:

"义渠君是蛮夷诸国中的贤君,大王不如送重礼去安抚他,免得有后顾之忧。"

秦惠王同意了,就挑选五彩刺绣的细绢一千匹和美女一百名送给义渠君。

义渠君召集君臣开会,说道:

"这就是公孙衍所说的内幕消息,秦国来通知我们出兵了。"

于是义渠君就把握良机,派兵偷袭秦国,在李帛城下大败秦军(公元前318年)。

安敢释卒(魏策二:犀首田盼欲得齐魏之兵以伐赵)

犀首和齐将田盼想率齐、魏两国之兵讨伐赵国(约公元前318年以后,公元前314年之前),可是魏襄王和齐宣王都不赞成。犀首继续游说两国说:

"只要两国各派出五万人,不超过五个月就可攻破赵国。"

田盼知道了,就责怪犀首说:

"随便用兵作战,国家容易陷入危险;随便施展计谋的,自身容易遭到困穷。阁下把击败赵国的事看得太简单,恐怕会招来后患。"

"阁下真是不够聪明。"犀首说,"这两位君王本来就不愿出兵,假如阁下又提到用兵的艰难来吓阻他,这样赵国就不用讨伐,我们两个人的计划也报销了。要是阁下干脆说伐赵很容易,鼓动了两国君王派兵伐赵。等到与敌接触,要冲锋陷阵的时候,齐王和魏王一看战事危险,又怎么敢不加派军队给我们呢?"

"有道理!"田盼说。

田盼于是去劝说齐王和魏王采纳犀首的计划。犀首和田盼得到齐、魏各五万的军队后,还没有带出国境,魏王和齐王都担心会被打垮,又立刻动员全国军队紧随在后面,终于大败赵国。

跪行机窘(jīng)（齐策二：犀首以梁与齐战于承匡而不胜）

魏将犀首率领魏军跟齐军战于宋邑承匡,却不能得利（公元前317年）。张仪趁机对魏惠王说：

"他不采纳我的话,终于危害到国家。"

魏惠王于是任命张仪为相。张仪以秦、魏为后盾,要到齐国去订立连横的盟约。犀首想要破坏张仪的计划,就对卫嗣君说：

"我并非跟张仪有私怨,只因为治国方法不相同罢了。请君王务必替我调解！"

张仪路过卫国（公元前317年）,卫嗣君就把犀首的话转告他,张仪答应了。于是犀首跟张仪都列坐在卫嗣君面前欢谈,犀首还卑屈地跪地挪行几步,向张仪称"千岁"祝福。

第二天,犀首欢送张仪,礼节周致地一直送到齐国边境。齐宣王知道了,对张仪大发脾气,骂道：

"犀首是我的仇敌,你却和他在一起,一定是狼狈为奸,合谋出卖我国。"

结果齐宣王不采纳张仪的连横之策。

禅让乱国（燕策一：燕王哙既立）

燕王哙即位（公元前320年）后不久，苏秦在齐国被刺杀了（公元前317年）。当苏秦在燕国时，跟燕国宰相结为儿女亲家，而苏秦的弟弟苏代也跟子之很要好。等到苏秦死了以后，齐宣王又重用苏代。燕王哙三年（公元前318年），和楚、赵、韩、魏攻打秦国，无功而返。此后子之就当了燕国宰相（公元前317年），受燕王哙的重视而决断国事。当苏代为齐国送回燕国的质子时，燕王哙问苏代说：

"齐宣王为人如何？"

"一定不能称霸天下。"苏代回答。

"为什么呢？"燕王哙又问。

"不信任自己的臣子。"苏代回答。

苏代这话的用意，是想刺激燕王更加信任子之。从此燕王果然更加信任子之。

子之送给苏代百斤黄金，作为活动费用。苏代利用外交使节的身份，就在燕国大搞其阴谋。

燕臣鹿毛寿竟然向燕王哙建议说：

"不如把国家让给子之。人们所以称颂唐尧为贤君，是因为他把天下让给许由。事实上许由不接受，尧没有丧失天下，却有了让天下的美名。如今大王把国家让给宰相子之，子之必不敢接受。这样大王就跟尧一样享盛名了。"

于是燕王哙就把燕国政权都交付给子之。子之的权势大大增加，简直变成了国王（公元前316年）。

不久又有人向燕王哙说：

"古时禹王把天下禅让给贤臣益，却用太子启的人为官吏。等到禹王年老了，更确认太子启不能继承天下重任，于是就把帝位传给益。不料启却和做官的党徒攻击益而夺得天下。这就等于是禹只在名义上禅让给益，其实又叫启去夺回。如今大王已经表示要把国家禅让给子之，而官吏都还是太子的人。这就等于是名义上把国家让给子之，而实际上却由太子掌权。"

燕王哙想成就其禅让的美名，就把俸禄在三百石以上的官吏印绶都收回，交给子之自行任命。从此子之就朝南而坐，行使起国王的大权。燕王哙推托年老，再也不理政事，反而情愿为臣，一切国事都由子之裁决。

子之即位的第三年（公元前315年），燕国发生大乱，百官都痛恨子之。将军市被和太子平阴谋发动政变，推翻子之。

这时齐相储子对齐宣王说：

"趁燕国内乱，出兵讨伐，必然能大败燕国。"

于是齐宣王就派人去向燕太子平说：

"寡人听说太子讲义气，将废私情而立公理，以便整饬君臣的名分，重建父子的纲常。寡人的国家小，虽然不够太子驱使，却愿意任随太子差遣！"

燕太子平以为有了外援，就聚集党徒和军队，由将军市被率领，围困王宫，攻击子之。还没攻破王宫，百官突然反攻太子平，将军市被为太子奋战而死。燕国这次内乱经过几个月之久，死难的有数万人。燕国人恐惧怨恨，百官都存心叛国。

孟轲对齐宣王说：

"现在可以讨伐燕国了。这是周文王、周武王表现大勇诛暴安良的良机，不可错过。"

齐宣王于是派匡章率领五城的精兵，并动员北边近燕地的军民，以平乱安民为号召，大举讨伐燕国。燕国的士兵都不肯应战，连城门都不关闭，齐军如入无人之境。结果燕王哙被杀，子之出奔，齐军乘机劫掠，获得大胜利。

两年以后（公元前312年），燕人深感亡国之痛，立太子平为王，这就是燕昭王。

伯乐相马（燕策二：苏代为燕说齐）

苏代替燕国去游说齐国（公元前319年）。在没觐见齐宣王以前，他先找淳于髡说：

"有个卖骏马的人，一连三天牵着马站在市场，都没有识货的人。于是他去拜访鉴马名家伯乐，向他请求道：'明天请您到市场来，绕着我的马相一相，离开的时候再回头看一看，我就送您一整天的收入。'伯乐答应照办，结果在一日之内马价就涨了十倍。现在我想送匹骏马给君王，可是没有识货的人。阁下愿意做我的'伯乐'吗？我有白璧一双和黄金一千镒，送给您充当马的饲料。"

淳于髡说：

"我乐意照办！"

淳于髡就把苏代这一匹骏马介绍给齐宣王,齐宣王果然非常欣赏他。

两头得金（东周策：东周欲为稻）

东周想要种稻子,西周不肯放水,东周为此很苦恼（公元前307年）。苏子对东周君说：

"请派我到西周去,我能够叫他们无条件放水。"

苏子到了西周,对西周君说：

"君王的计划错了。你们不放水,等于让东周富足。现在他们都改种麦,不种其他的了。假如君王想害东周,不如马上放水,把东周所种的麦毁掉,如此,东周一定改种稻,等他种了稻再断水。这样一来,东周的百姓完全仰赖西周,那一切只有听从君王的了。"

"的确好办法。"西周君说。

西周果然放了水,苏子也分别从东西两周得到金钱的报酬。

免征甲粟（西周策：雍氏之役韩征甲与粟于周）

当楚国攻打韩国雍氏时（公元前307年）,韩国向西周征兵征粮。周王为此而十分苦恼,就找苏代商量。苏代说：

"这有什么好烦恼的？苏代能够使韩国不向西周征兵征粮,

免征甲粟

又可以替君王弄到韩国的高都。"

"要是贤卿有这番能耐，寡人以后都将听从贤卿的了。"周王高高兴兴地说。

于是苏代就来到韩国，拜见相国公仲侈，游说道：

"阁下没听说楚国的计谋吗？楚将昭应曾对楚怀王说：'韩国疲于兵祸，粮仓空虚，没力量守住城池，假如趁着韩国的饥荒攻打雍氏，不超过一个月就可以攻下。'如今包围雍氏已经五个月，仍然没有攻下，楚国也疲惫不堪了，楚王也开始不相信昭应的话了。现在阁下竟然向西周征兵征粮，这明明是告诉楚国：韩国已经筋疲力尽，你们再接再厉吧！昭应听到以后，一定劝楚王增派部队来包围雍氏，雍氏必然守不住。"

"先生的见解很高明。"公仲侈说，"可是，我派的使者已经上路了。"

"那阁下为什么不顺便把高都送给西周呢？"苏代说。

"我不向西周征兵征粮，已经对西周不错了，为什么还要把高都送给他呢？"公仲侈愤愤地说。

"把高都送给西周，西周一定会回过头来跟韩国要好，秦国知道了，必然大为震怒而焚毁西周的符节，断绝使臣往来。这样子，阁下等于拿一个贫困的高都换得一个完整的西周啊！为什么不给呢？"苏代说。

"这个意见还不错！"公仲侈说。

于是公仲侈就取消了向西周征兵征粮的事，反而把高都奉送给西周，楚国也终于撤兵不再攻打雍氏。

桃梗漂漂（齐策三：孟尝君将入秦）

孟尝君田文打算应邀到秦国去访问，有上千的人劝阻他，他一概不听。苏代也想来劝他（公元前300年），孟尝君很不耐烦地传下话说：

"关于人的事，我都懂了，我没听说过的，只有关于鬼的事罢了。"

"我这一趟来，本就不敢谈人事儿，正想谈谈鬼事儿。"苏代表明自己的谈论主题。

孟尝君只好接见苏代。苏代对孟尝君说：

"这次我来齐国，经过淄水时，看到一个土偶人和一个桃木刻的人在斗嘴。木偶对土偶说：'你本是西岸的泥土，被搓成一个人形，到了八月里，下场大雨，淄水一上涨，你就毁坏了。'土偶说：'不要紧，我本来是西岸的泥土，毁坏了还是泥土，仍旧归西岸。你是东国的桃木梗，被刻削成一个人形，等下场大雨，淄水一上涨，水就会把你冲走，到那时你将不知漂泊到何处呢！'现在的秦国是个四面险固的国家，就像虎口一般，阁下一旦进入，我就不知阁下能从哪条路逃生了。"

孟尝君仔细一思量，就打消了去秦国的念头。

糜烂齐民（燕策二：苏代自齐使人谓燕昭王）

苏代从齐国派亲信党徒对燕昭王说（公元前284年）：

"我离间了齐、赵，齐国已陷于孤立，大王何不出兵来攻打齐国？我可以为大王削弱齐的军力。"

于是燕国就派兵攻打齐国的晋城（公元前284年）。

苏代指派党徒去向齐闵王说：

"燕出兵攻打齐国，是企图收复以前的失土。燕军驻扎在晋城而不继续进攻，一定是兵力薄弱，又没有固定的战略。大王何不派苏代领兵迎战燕军呢？凭苏代的贤能，率大军攻打弱燕，燕军必然崩溃。燕军一旦覆败，赵国就不敢不听从齐的号令。这样大王既打垮燕国，又征服了赵国咯！"

齐闵王说：

"确实是好建议。"

齐闵王就把苏代找来，对他说：

"燕军竟然攻打到晋城，寡人决心痛惩他，希望贤卿为寡人领兵作战。"

苏代推辞道：

"领兵作战的事，我怎么能够胜任呢！大王还是改派别人。大王派我为将，等于是叫大王的军队覆败，而把我送给燕国当俘虏。这一场战争如果不能胜利，那齐国就无药可救了。"

"辛苦一点吧！寡人了解贤卿的。"闵王说。

苏代勉为其难地率军出征,和燕军战于晋城之下。齐军已注定要败北的,燕军斩获全副武装的齐军首级两万多。

苏代率领残余部队退守阳城,上书给齐闵王说:

"由于大王错误的任命,偏要派臣去迎战燕军,如今军队覆败立丧失二万人。臣该当被处以斩首之罪,臣就自动到法官处接受诛戮吧!"

齐闵王答复道:

"这是寡人的过失,贤卿不用自责。"

第二天,苏代又暗示燕军攻打阳城和狸城。

苏代又指派党徒去向齐闵王说:

"前天齐军在晋城下没打胜仗,这不是战术的错误,只是齐国运气不好,而燕国侥幸点罢了。现在燕军又来攻打阳城和狸城,这简直是把意外的幸运当作自己的战功,才会如此狂妄。由于前天苏代已打过败仗,大王要是再派苏代迎战,他必定尽力以胜利的果实来报效大王。"

"对的!"齐闵王说。

于是齐闵王又派苏代为将。苏代一再推辞,齐闵王不答应,只好又勉为其难地率兵跟燕军在阳城交战。齐军早注定要覆败的,燕人大胜,斩获齐军首级三万多。

齐国因为任用客卿为将,连续吃了两次大败仗,因而导致君臣互相责难,百姓对政府的信心也动摇了。于是燕国就派乐毅乘机大举伐齐(公元284年),把齐国彻底蹂躏了(公元前280年)。

鹬蚌相争（燕策二：赵且伐燕苏代为燕谓惠王）

赵国就要派兵攻打燕国（公元前283年），苏代替燕国去游说赵惠文王说：

"今天我来贵国，经过易水的时候，看到一只蚌正张开壳露出肉来晒太阳，可巧有一只鹬鸟扑过来就叼住它的肉，蚌赶紧闭起壳来夹住了鹬的尖嘴。鹬鸟猛扑着翅膀叫道：'今天不放你下水，明天不放你下水，就会有死蚌。'蚌也对鹬鸟恐吓说：'今天不放你飞走，明天不放你飞走，就会有死鹬。'它们两个不肯互相释放，有个渔翁走过来，顺手就把它们都捉去了。现在赵国要去攻打燕国，假如两国久久僵持不下，以至于筋疲力尽，我怕那强秦就要当渔翁了！所以我希望大王仔细考虑考虑！"

"很有道理。"赵惠文王说。

于是赵国就取消了攻打燕国的计划。

东西皆贼（东周策：昭翦与东周恶）

楚相昭翦跟东周的关系很坏。有人对昭翦说：

"我来讲一则跟阁下有关系的故事。"

"是什么呢？"昭翦急着问。

"是这样的。西周极恨东周,一直希望东周跟楚国闹翻。西周一定会派刺客杀害阁下,然后就宣称是东周干的,好让楚王痛恨东周。"

昭翦冒着冷汗,说道:

"的确如此。我也怕东周来暗杀我,借此诬赖西周,好让楚王厌恶西周。"

于是昭翦马上跟东周和解。

反间杀人(东周策:昌他亡西周)

西周大臣昌他逃亡到东周,把西周的机密都泄露了,东周王很高兴。西周王为此而暴跳如雷,策士冯雎对他说:

"我能够杀掉昌他,只要君王的三十斤黄金。"

冯雎派人拿着黄金和书信,偷偷混进东周,送给昌他。那封信写道:

"敬告昌他:事情有成功的希望就努力完成它,没有成功的希望就赶紧溜回来。时间拉长了就会泄露机密,到时候岂不是白白送命?"

另一方面,冯雎又派人向东周管出入境的官吏告密说:

"今晚有间谍潜进城里。"

东周边吏果然逮捕了那个送信的人,昌他也就被杀了。

祭地为祟（东周策：赵取周之祭地）

赵国夺取周的祭地，周君为这件事而苦恼，找郑朝来商量。郑朝说：

"君王不必为这件事忧心，请让我凭三十金去收回来。"

郑朝拿了三十金去贿赂赵国的太卜，把赵国占领祭地的事儿告诉他。不久赵王生了病，叫太卜来占卜病因。太卜趁机怪罪赵王说：

"这是周的那块祭地在作祟。"

赵王就赶紧把那块祭地还给周君。

豺狼逐羊（秦策一：司马错与张仪争论于秦惠王前）

秦国大臣司马错跟宰相张仪在秦惠王面前发生争论（公元前316年）。司马错主张秦国应该先去攻打蜀国。张仪却唱反调说：

"不如先去攻打韩国。"

秦惠王就叫张仪说出理由来。张仪滔滔陈述道：

"我们先跟楚、魏两国结盟，然后兵临韩地三川，堵住轘（huán）辕、缑氏的通口，挡住屯留的道路，约请魏国断绝韩的南阳，叫楚军进逼周的南郑，秦兵就可打进韩的新城、宜阳，直抵东西二周的城外，声讨周王的罪状。周王自知没办法解救，必然会把九鼎献出来。我们得到了九鼎，再按照天下土地人口的图籍，便可以挟持天子来号令诸侯，天下又有谁敢不听命呢？这就是霸王之业呀！至于那蜀国，只是西方边远的小国，不过是野蛮部落的领袖罢了。就算劳师动众灭了它，也不足成就霸王之名，占领了它的地盘，也得不到什么好处。臣听说：'争名的人要在朝廷争，争利的人要在市场争。'现在三川、周室，正是天下的市场和朝廷，大王却不去争，反而向野蛮地方去求，这就和霸王之业离远了。"

"不对！"司马错等张仪一说完，立刻说，"臣听说过：'要使国家富强，必须先扩张领土；想要兵强马壮，必须先使人民富足；想称王于天下，必须先广施恩德。这三个条件具备了，那么霸王之业就会跟着实现。'如今大王的地盘还狭小，人民又贫穷，所以臣希望大王从容易的地方先着手。就因为蜀国是一个偏僻的小国，不过是野蛮部落的领袖，却有反抗暴君的变乱，如果用秦国的兵力去攻打它，就好像叫豺狼去驱逐羊群那般容易呀。得到它的地盘，可以扩大版图，得到它的财物，可以富足百姓，只要展现军事力量，用不着损兵折将，它就会乖乖归顺。所以秦虽然灭了一个蜀国，天下人却不会以为残暴，即使刮尽了西陲的财富，诸侯也不会以为贪婪。我们只此一举，就有名义上和实际上的两种收获，并且还有除暴安良的美名。假如现在我们去攻打韩国，那就等于是劫持天子。劫持天子，是最不好听的呀！就算劫持了，未必有什么好处，反而落得一个不义的丑名。攻打天下人都不愿意让它灭亡的周天子，实在是一件危险的事。现在就让臣来分析危险的原因：周天子是天下的共主，齐国，是韩国的盟邦。要是攻打韩国，周朝自知要丧失九鼎，韩国自知要失去三川，那么他们两国必然精诚合作，再透过齐赵两国的关系，疏通楚魏两国解围退兵，自动把九鼎献给楚，把三川割让给魏，到时候大王就没办法制止了。这就是臣所说的危险，所以说伐韩实在不如先伐蜀万全。"

秦惠王听了司马错的雄辩，马上说：

"好！寡人就听你的。"

秦国终于派兵去攻打蜀国。经过十个月的征讨，平定了蜀国，把蜀君改称为侯（公元前 316 年），并派陈庄去做蜀国的丞相（公元前 314 年）。蜀地归属于秦以后，秦国越发强盛富足，从此就看不起各国诸侯了。

欺以六里（秦策二：齐助楚攻秦取曲沃）

齐国帮助楚国攻秦，占领了秦国夺自魏国的曲沃。后来秦国想要伐齐报仇，但是齐楚两国邦交密切，秦惠王觉得讨厌，便对丞相张仪说：

"我要讨伐齐国，无奈齐楚两国正要好，贤卿请为我策划一下。怎么样呢？"

"请大王替我准备车辆和钱财，让我去试试看。"张仪说。

于是张仪就到楚国去游说楚怀王（公元前 311 年），说道：

"敝国的君王最喜欢的人莫过于大王，而张仪最愿侍奉的也莫过于大王。敝国的君王最痛恨的人莫过于齐宣王，而张仪所最不愿侍奉的也莫过于齐宣王。对秦惠王来说，齐宣王的罪恶，可真是太大了，因此秦想要讨伐他，但是贵国跟他那么要好，以致敝国的君王无法好好侍奉大王，而张仪也不能做大王的臣子。大王如果能够把关口封锁和齐国绝交，我可以叫秦惠王把我的封地商于方圆六百里的土地献给大王。这一来齐国丧失了后援，必然衰弱，齐国衰弱，就必定听从大王的号令了。北面削弱了齐国的势力，西面对秦国施恩，又获得商于方圆六百里的土地，这真是一举三得的上策。"

楚怀王高兴极了，赶紧在朝廷里宣布说：

"我得到商于方圆六百里的土地！"

群臣听了这消息都纷纷贺喜。客卿陈轸最后觐见，根本就不道贺。楚怀王诧异地问：

"我不发一卒，不伤一人，而得商于六百里地，我认为这是外交上的一大胜利，朝中文武百官都道贺，为什么贤卿单单不道贺呢？"

"我看商于之地不能得到，反而会招惹祸患，所以不敢随便道贺。"陈轸回答。

"什么话呢？"楚怀王责问。

陈轸回答说：

"秦国所以重视大王，是因为大王有齐国这样一个强大的盟邦。如今还没有得到秦的土地，却先断绝齐国的邦交，楚国就孤立无援了，秦又怎么会重视一个孤立无援的国家呢？何况如果先叫秦割让土地，楚国再去跟齐国绝交，秦国必不肯这样做。要是楚国先断绝了齐国的邦交，而后要求秦国割让土地，将受到张仪的欺骗而得不到土地，受了张仪的欺骗，大王必定痛恨他。结果是西面惹出秦国的祸患，北面断绝了齐的邦交，这样两国的兵必定会逼临楚国的。"

楚怀王不但不听，反而申斥道：

"我的事筹划好了，你闭住鸟嘴，不要再说，等着瞧我的！"

欺以六里

于是楚怀王就派人到齐国去宣布断交,派去的人还没回来,又派出第二批绝交团。

张仪回到秦国,赶紧派使节到齐国去游说,齐秦两国就暗中缔结了军事联盟。

当楚怀王派一名将军去秦国接收土地时,张仪竟然装病不上朝。楚怀王得到报告,满怀委屈地说:

"张仪认为我跟齐国绝交还不够诚心吗?"

楚怀王赶紧加派一个勇士到齐国去臭骂齐王。

张仪在证实楚国确实和齐国绝交后,才出来接见楚国派来的索土使臣,指着地图说:

"敝国赠送贵国的土地,从这里到这里,总共方圆六里。"

"我听说是六百里,没听说是六里。"楚国使臣很惊讶地说。

"我张仪不过是个微不足道的小官,哪来的六百里广大的采邑?"

楚国使节气愤地回国报告。楚怀王大为震怒,准备发兵攻打秦国。这时陈轸走过来请示道:

"现在我可以说话吗?"

"可以!"楚怀王没好气地说。

"攻打秦国,不是办法。"陈轸冷静地说,"大王倒不如趁机再送给秦一个大都市,跟秦连兵伐齐。如此或可把损失于秦国的,再从齐国补偿回来,楚国不就没有损失了吗?大王如今已跟齐国绝交,还要去责备秦国的失信,那就等于是在促进齐秦两国的邦交。要是如此,到时候楚国必定损失惨重。"

楚怀王不采纳陈轸的话,还是派兵攻打秦国(公元前312年)。于是秦齐两国组成联合阵线,韩国跟着也加入军事同盟,结果楚军在杜陵被三国联军打得惨败。

美人纵囚（楚策二：楚怀王拘张仪）

楚怀王拘留张仪（公元前311年），将要杀死他来泄被欺之恨。楚怀王的佞臣靳(jìn)尚对怀王说：

"拘留张仪，秦惠王必定愤怒，天下诸侯一看楚国失去了秦国盟邦，楚国的地位就低落了。"

靳尚又去向怀王的宠妃郑袖说：

"您可知道快要失宠于大王吗？"

"什么缘故？"郑袖急着问。

靳尚慢慢地说：

"张仪，是秦惠王最忠信有功的臣子，现在被拘留在楚国，秦惠王想要救他。秦惠王有个美丽的公主，打算把她嫁过来，并精选宫中能歌善舞又好玩的美女陪嫁，另外还有各种金玉宝器，以及上庸六县的汤沐邑（封地），这些正想经由张仪献给大王。大王必定宠爱秦国公主，而秦国公主也将仰仗强秦来抬高身价，更以宝器封地为资本，势将被册立为王后而傲视于楚国。大王沉迷于娱乐，必然非常宠爱秦国公主而忘掉了您的好处，您注定将被贱视而日益疏远。"

"阁下帮个忙吧！我该怎么办呢？"郑袖着急地说。

靳尚说：

"您为什么不赶快建议大王释放张仪？张仪如果获得释放，对您将感激不尽，秦国的公主就不会来，秦国也必然重视您。您在国内拥有崇高的地位，在国外又有秦国的交情，并且留个张仪可供驱遣，您的儿子必定成为楚国太子。这不是普通的利益呀！"

郑袖立刻去缠住楚怀王，怀王就把张仪释放了。

自取其刺（楚策二：楚王将出张子）

楚怀王将要释放张仪（公元前311年），又担心张仪会欺骗自己。佞臣靳尚就对怀王说：

"让我跟着张仪一起走。假如张仪做出对不起大王的事，我就把他杀掉。"

楚国有一个小官，是靳尚的仇敌，他对魏国重臣张旄（máo）说：

"凭着张仪的智慧，假如被秦楚重用，那阁下必定陷于穷途末路。阁下不如派刺客偷偷把靳尚干掉，如此楚王必然怀疑是张仪干的而恨透了他。那张仪一失势，阁下就会受到重视。楚、秦一交战，魏国也就太平无事了。"

张旄果然派人刺杀了靳尚。楚怀王为此而非常愤怒，立刻发兵攻秦。秦、楚争相拉拢魏国，张旄果然受到重视。

妾妇之道（楚策三：张仪之楚贫）

张仪在楚国很穷困（公元前311年），他的门徒都受不了，很生气地要回去了。张仪说：

"你们一定为了衣服帽子都穿破了才要回去。稍等一下,我为你们去觐见楚怀王,弄几个钱。"

那时南后和郑袖在楚国很受楚怀王的宠爱。

张仪觐见楚怀王,楚怀王并不高兴。张仪说:

"大王如果不能重用我,我就要北上见魏惠王了。"

"你就去吧!"楚怀王说。

"大王对魏国有什么需求呢?"张仪问。

"黄金、珠玑(玑是不圆的珠子)、犀牛角和象牙,都是楚国的产物,寡人对魏国没有什么需求。"楚怀王说。

"大王只是不喜欢美女罢了!"张仪说。

"你说什么?"楚怀王赶紧追问。

"那郑、周一带的美女,脸蛋白腻腻的,眼珠黑溜溜的,当她们站在街上时,不认识她们的人,还以为是仙女哪!"张仪回答。

"楚国偏僻鄙陋,我还不曾见识中原的美女。像贤卿所说这种如神仙的美女,寡人要是看了,怎么会不动心呢?"楚怀王说。

于是楚怀王就资助张仪很多珠玉。

南后和郑袖听了大为恐慌。南后立刻派人对张仪说:

"听说将军要前往魏国,我刚巧有黄金千斤,献给将军做旅费。"

另外郑袖也送了五百斤黄金。张仪的那些门徒,乐得都不想走了。张仪横下心,去向楚怀王辞行,说道:

"天下隔绝,交通不便,不知哪一天才能再见,请大王赐杯酒喝!"

"好的!"楚怀王说。

怀王设酒宴款待张仪,张仪也就乱扯些美女的故事来迎合他。张仪喝得半醉时,站起来向怀王跪拜说:

"这里又没有外人,请大王叫宠幸的妃子来一起喝酒吧!"

怀王就叫南后和郑袖出来给张仪敬酒。过了一会儿,张仪又向怀王再三跪拜说:

"我得罪了大王,罪该万死!"

"为什么?"怀王问。

张仪说:

"我走遍天下,还不曾见过像大王的妃子那样美的。前天对大王说要替大王寻觅美人,岂不是等于欺骗了大王?"

"贤卿把那件事忘了吧!我本来就认为天下再没有比她们更美的了。"怀王说,乐得哈哈大笑。

反复诡诈(齐策二:张仪事秦惠王)

张仪侍奉秦惠王,颇有权势。惠王死后,武王即位,仍然重用他,左右亲近的人就毁谤(公元前310年)说:

"张仪侍奉先王不忠心。"

话没说完,齐国派来责备武王任用张仪的使臣又到了。张仪听到了这些事,就对武王说:

"我有一项愚蠢的计策,愿意献给大王。"

"怎样呢?"武王问。

"我替社稷设想:当东方有极大的变故,大王才可以多割取土地。"张仪回答,"现在齐宣王恨死了张仪,无论张仪在哪一个国家,齐王必定发兵攻打。所以我想向大王乞讨我这无用之身前往魏都大梁，到时齐国必定派兵攻魏。等齐、魏之军相持不下，大王就可以乘机伐韩，入三川之地，进一步挥军东出函谷关，兵临西周，取得天子的祭器，然后挟持周天子，根据地图和簿册统治天下。这就是帝王的事业呀！"

秦武王被说动了，就派三十辆兵车，把张仪护送到魏都大梁。齐王果然发兵攻魏，魏襄王非常恐慌。这时张仪就说：

"大王不用忧虑，我可以让齐国退兵。"

于是张仪选派亲信冯喜绕道前往楚国，找个差事到齐国去。冯喜把齐、楚间的差事办妥了，就对齐宣王说：

"听说大王非常痛恨张仪，但是大王却对他那么宽厚，还把他推荐给秦武王。"

"我恨死了张仪，不管他在哪一国，我一定发兵攻打，怎么说我在推荐张仪呢？"齐宣王问。

"这样做，正是在推荐张仪呀！"冯喜说，"当张仪离开秦国时，曾经和秦武王有过秘密协定。"

冯喜就把张仪向秦武王说过的话一一泄露了，又说：

"如今大王果然发兵攻魏，张仪一定乐得鼓掌大笑。大王劳动臣民去攻打盟国，弄得本身疲敝，又多结仇怨，只是使张仪说过的话完全兑现。这样岂不是把张仪推荐给秦武王吗？"

齐宣王恨恨地骂道：

"该死的！"

于是齐宣王就下令把攻魏的部队调回。

老妾事主（魏策一：张仪走之魏）

张仪出奔到魏国（公元前310年），魏襄王准备欢迎他。齐人张丑建议魏襄王不要收留张仪，魏襄王没采纳这项建议。张丑退朝后，又跑去向魏襄王说：

"大王听说过老妾侍奉主妇的下场吗？孩子长大了，姿色也衰老了，只好改嫁算了。现在我侍奉大王，就像老妾侍奉主妇。"魏襄王为了张丑，一时间没有让张仪进入都城。

宝珠脱身（燕策三：张丑为质于燕）

齐臣张丑在燕国当人质，由于燕惠王想杀他，就赶紧逃亡。当快要逃出燕国边境的时候，却被边防军官逮捕了。张丑对边防军官说：

"燕惠王所以要杀我，是因为有人说我有价值连城的宝珠，燕惠王想要吞占。我回说已经丢掉了，燕惠王不肯相信，硬是要我献给他。假如你把我押到燕惠王那里，我就说你抢走我的宝珠吞进肚里去了，那么燕惠王一定会杀死你，剖开你的肚子，把你的肠子翻来覆去地找。唉！一个贪得无厌的国君，绝对不能和他扯上财货的纠纷。我快要被腰斩而死，你的肠子也将被切成一寸一寸，真是冤枉！"

那位燕国的边防军官一听这话很恐慌，赶紧把张丑放走了。

缓于事己（宋卫策：卫使客事魏）

卫国派宾客前往魏国效力，可是过了三年却没见到魏襄王。卫国宾客很难过，就去拜见梧下先生（公元前317年），请他帮帮忙，答应酬谢一百金。梧下先生蛮自负地说：

"没问题，看我的！"

梧下先生去觐见魏襄王说：

"我听说秦国又出兵了，不知开往哪里。秦、魏虽有邦交，却很久没重温了。希望大王专心一志侍奉秦国，不要搞其他的计谋。"

魏襄王说：

"好的。"

梧下先生快步走出宫廷，但走到宫门口又折回来说：

"我担心大王侍奉秦国会慢吞吞的。"

"何以见得呢？"魏襄王问。

梧下先生说：

"一般人对于侍奉自己的事都操之过急，对于侍奉别人的事都过于缓慢。如今大王对于侍奉自己的事都不急了，怎么能够急于侍奉别人呢？"

"先生怎么这样说呢？"

"那卫国派来侍奉大王的宾客，待了三年都没被召见，所以我才认为大王侍奉秦国会慢吞吞的。"

魏襄王觉得不好意思,赶紧接见了卫国宾客。

要言失时（宋卫策：卫人迎新妇）

有个卫国人去迎娶新娘。新娘一上花车就问道：

"两旁的马是谁的马？"

车夫说：

"是借来的。"

新娘对仆人说：

"打两旁的马，不要打中间的。"

花车回到了新郎家门口，新娘刚被扶下花车，又对陪嫁的喜娘说：

"赶快回去，把炉灶的火熄灭，不然会失火的。"

新娘走进房间，看到石臼，又说：

"把石臼搬到窗子底下，不要妨碍人的来往。"

主人家听了都笑个不停。

其实新娘子说的这三句话，都是很精明的话，然而不免被人嘲笑，那是因为说话的时间不恰当啊！

相国中计（东周策：周共太子死）

东周的共太子死了（公元前315年），武公有五个庶子，都颇得欢心，不知将册立哪个为太子。楚卿司马翦对楚怀王说：

"为什么不把楚地封给公子咎，以便请求周君立他为太子？"

说客左成却对司马翦说：

"周君要是不采纳，阁下不但将陷于尴尬，而且势将跟周绝交。倒不如先对周君说：'要立谁为太子，请偷偷告诉翦，以便翦叫楚王资助他土地。'假如阁下真想去辅立周太子，还得去跟相国的家臣廥（qiáng）夫空放风说：'楚王好像有意叫司马翦去办这件事。他是个搞权势的人，留在国内对相国碍手碍脚的。'"

相国果然派司马翦去辅佐周太子。

鼎重难移（东周策：秦兴师临周而求九鼎）

秦国派兵威胁周朝，向东周要求九鼎（公元前314年）。周君很忧虑这件事。朝臣颜率说：

"大王不用担心，我能够向齐国讨救兵。"

颜率到了齐国，对齐威王说：

鼎重难移

"秦武王暴虐无道,竟敢派兵威胁周君,要求九鼎。我们东周君臣都认为与其把九鼎送给暴秦,倒不如送给贵国。挽救危亡的国家,有美好的名声,得到象征天下主权的九鼎,是厚重的果实,所谓名至而实归,希望大王积极争取。"

齐威王听了非常兴奋,立刻派遣五万大军,任命陈臣思为统帅,浩浩荡荡前往救助东周。秦兵知难而退了。

齐威王照约定向周君要九鼎,周君又为这件事忧愁。颜率说:

"大王不用担心,我能够解决这件事儿。"

颜率来到齐国,对齐威王说:

"东周仰赖贵国的义举,君臣父子才能平安无事,因此很乐意把九鼎献给大王。请问贵国要打从哪条路把九鼎运回来?"

"我打算向梁国借路。"齐威王说。

"不行的!"颜率说,"梁国君臣想得到九鼎,在晖台和少海一带已经打算好久了。九鼎一旦进入梁国,一定运不出来。"

"那么我就向楚国借路吧!"齐威王又说。

"这也不行。"颜率回答道,"楚国君臣想得到九鼎,在叶庭已经谋划很久。假如九鼎进入楚国,一定运不出来。"

"那么我究竟打从哪儿把九鼎运回齐国呢?"齐威王问。

颜率回答道:

"敝国早就私下为大王操心这件事。要知道,那九鼎并不像醋瓶酱罐那样,藏在怀中抓在手里就可以轻易拿到齐国的,也不像野鸟凌空、乌鸦飞翔、兔子逃逸、战马奔驰那样,可以很快地进入齐国的。古时候周武王讨伐殷纣,得到了九鼎,每一个鼎就动用了九万人搬,九九共要八十一万人,此外还得配备警卫的兵士,又要准备搬运工具和被服粮饷等物资。凭大王的人力物力,搬运当然不成问题，但究竟要打从那儿运出来，臣私下真为大王担忧。"

"这样说，贤卿几次来我国，还不是不想把九鼎送给我啦！"齐威王偏着头说。

"岂敢岂敢！"颜率赶紧解释，"请大王赶快决定从哪条路搬运，敝国立刻迁移九鼎，听候大王的命令。"

齐威王没奈何，只好断了取得九鼎的念头。

且正言之（韩策一：颜率见公仲）

周臣颜率想会见韩相公仲，公仲不愿见他。颜率就对公仲的礼宾官说：

"公仲一定认为我撒谎，所以不愿意见我。公仲喜欢女色，我却说他喜欢贤士；公仲一毛不拔，我却说他乐善好施；公仲品性不端，我却说他急公好义。从今以后，我将据实而言了。"

公仲听到礼宾官的转告以后，立刻出来迎接颜率。

求千里马（燕策一：燕昭王收破燕后即位）

燕昭王收复了残破的燕国即位为王（公元前311年）后，就卑躬屈膝地用优厚的礼物去招贤纳士，一心一意想要报仇。他亲自去拜访燕人郭隗先生说：

求千里马

"齐国乘我内乱而攻破燕国,这是不共戴天的奇耻大辱。我很明白燕国弱小力薄,不足以报仇,然而要是能得到贤士,来和他们共理国政,也许能洗雪先王的耻辱。这是我最大的心愿呀!请问怎么样才能得到贤士来为国报仇呢?"

郭隗先生回答说:

"能建立帝业的君主和师傅在一起,能建立王业的君主和朋友在一起,能建立霸业的君主和臣子在一起,国家将灭亡的君主和奴仆在一起。拱手为礼而侍奉贤人,面向北方接受教导,比自己好一百倍的人就会来;做事跑在前面,休息落在后头,先请教而慢闭口,比自己好十倍的人就会来;别人趋前,自己也跟着趋进,和自己同样的人就会来;靠着桌子拿着拐杖,斜着眼睛指挥别人,奴仆一类的人就会来;如果暴戾地动粗打人,跳跃顿脚,发怒呵斥,一般卑鄙的下等人就会来。这些都是古来通行的招致士子的方法。大王要是能广泛招选国内的贤人,亲自登门拜访他们,使天下人传闻大王能朝见贤臣,那么天下贤士必然会赶来燕国。"

"那么寡人应当去拜访谁呢?"燕昭王问。

郭隗先生说:

"我听说古时有一个国君,想用千金去买匹千里马,三年也没买到。有个太监向国君说:'请让我去找吧!'国君就派他去探访。过了三个月找到了一匹千里马,不过千里马已死了,太监用五百金买下死马的骨骸,高高兴兴地回来报告国君。国君简直气炸了,骂道:'我要买的是活马,死马有什么用?白白浪费了五百金!'太监回答说:'死马都肯用五百金买下来,何况活马呢?天下人士必然认为大王肯买马,活马马上就要来了。'果然不到一年,一下子就来了三匹千里马。现在大王假如要招贤纳士,先从我郭隗开始吧!连我郭隗尚且被尊重,何况比郭隗贤能的人呢?天下贤士这样一想,难道还会以千里为远而不来吗?"

于是燕昭王就为郭隗修建一座宫室,拜他为师。果然乐毅从魏国来了,邹衍从齐国来了,剧辛也从赵国来了。天下贤士都争先投奔燕国。

燕昭王更是勤政爱民,祭奠死者,慰问生者,跟百姓同甘共苦。到了昭王二十八年(公元前284年),燕国已非常富足,将士都愿意为国作战,于是就任命乐毅为上将军,和秦、楚、韩、赵、魏联合出兵伐齐,把齐军打得大败,齐闵王落荒而逃。燕军又独自追逐败北的齐军,攻进齐国的都城临淄,把齐国的珍宝掠夺一空,烧掉它的宫室宗庙。当时(公元前280年)齐国没被攻陷的城池,只有莒(jǔ)和即墨。

以一易二（韩策一：秦韩战于浊泽）

秦、韩两国在韩国的浊泽交战(公元前315年),韩国的情况很危急。韩相公仲朋对韩宣王建议道:

"盟国都不可靠,别苦苦等人家的援军了。秦国本来就有伐楚的念头,大王不如透过秦相张仪的关系跟秦谈和,割让一座名都去贿赂秦,然后协同秦国伐楚,取得补偿。这就叫作'以一易二'的计策。"

"好计策!"韩宣惠王说。

于是韩宣惠王就下令为公仲朋准备行装,好让他很体面地到西方去和秦国和谈。

谍报传到楚国，楚怀王大为惊恐，就把说客陈轸找来商量。陈轸说：

"秦国想攻打我们楚国已经很久了，如今又获得韩国一座名都，正好作为南侵的军事基地。秦、韩联军南下，这是秦王一向所祷告祈求的，如今已得到机会，楚国被伐的噩运成定局了。

"不过，大王请采纳我的计策：赶紧下令通告全国，扬言征选精兵救韩，并把战车布满道路，一面派出令人信任的使臣到韩国去，多给他车辆，携带最贵重的礼物，务必使韩国相信大王会派兵去救他们。假使韩国不相信我们，韩国一定也会感激大王，一定不愿充当秦军的侵略先锋，这样秦、韩就会闹得不愉快，那么即使秦、韩两军来攻，楚国也不会有太大的损失。假如韩国相信我们，就会拒绝跟秦国和谈，秦国必然对韩国恨入骨髓，而韩国以为有楚国的后援，就不再惧怕秦国，对待秦国必然不恭顺。这样秦、韩就会继续打个不停，楚国的祸患也就免了。"

楚怀王听了这话很高兴，立刻照陈轸的策划行事，并挑选信用卓著的大臣去觐见韩宣王说：

"敝国虽然小，已经在总动员了，希望贵国尽力跟秦国拼个死活，敝国愿意跟韩国共存亡。"

韩宣惠王听了这话非常高兴，就下令公仲朋不用去秦国求和。

"不可以！"公仲朋争辩道，"以实力压迫我国的，是秦国；拿虚名救援我国的，是楚国。仰仗楚国的虚名，轻易断绝强秦的邦交，必然遭受天下诸侯的嘲笑。何况楚、韩并不是兄弟之邦，又不是平日就计划好一起去打秦国的。秦国要伐楚了，楚国才说要派兵救韩，这一定是陈轸的计谋。况且大王已派使臣通知秦国了，如果不去议和，就是欺骗秦国。轻忽强秦的祸患，反而信任楚国谋臣的话，大王一定会后悔的。"

韩宣惠王还是不听从公仲朋的话，终于拒绝跟秦和谈。秦国果然再度兴兵与韩国战于岸门（公元前314年），苦苦巴望的楚国救兵迟迟不来，韩国终于大败。

韩国的部队并非羸兵弱将，人民也并不愚蠢无知，但是韩军却被秦国打垮，而政略又被楚国嘲笑，这都是过分相信陈轸而不采纳公仲朋计策的缘故。

贺得贤相（秦策二：甘茂相秦）

客将甘茂当了秦国宰相（公元前309年），秦武王却喜欢客卿公孙衍（犀首）。有一天（公元前308年），秦武王跟公孙衍站着闲聊，很得意地对他说：

"我就要任命贤卿为相了！"

甘茂的部属刚好路过，偷听了这句话，赶紧去向甘茂打小报告。于是甘茂就去见秦武王，说道：

"大王找到了一位贤相，特地来向大王贺喜。"

"我已经把国家托付给贤卿，哪里会另外找贤相？"秦武王说。

"听说大王准备任命犀首为相。"

"贤卿从哪里听来的？"秦武王严肃地问。

"是犀首自己告诉我的。"甘茂回答。

秦武王对犀首泄露机密很生气，就把他撵出秦国。

息壤在彼（秦策二：秦武王谓甘茂）

秦武王对左丞相甘茂说（公元前308年）：

"我想坐着战车通过韩地三川，去窥探周室的虚实。能够这样的话，我可以死而无憾了！"

"那就让我去游说魏国联兵伐韩吧！"甘茂回答。

于是秦武王就派甘茂为特使前往魏国，并派向寿为副使。到了魏国以后，甘茂就跟向寿说：

"请您先回国报告君王说：'魏国已经答应联兵伐韩了，但是请君王还是不要攻打韩国。'将来事情办成了，都算是你的功劳。"

向寿回国就把甘茂的话转告秦武王。秦武王听了很疑惑，亲自到息壤去迎接甘茂。甘茂一到，武王忙问他是什么道理。甘茂回答说：

"三川的要塞宜阳是个大县，上党、南阳两地的财富积聚在那里由来已久，名义上是县，其实等于大郡。现在大王要经过很多险阻、走上几千里路去攻打它，那实在太难了。我听说张仪西面并吞了巴蜀之地，北面占领了西河外边之地，南面攻取了上庸，但是天下人并不赞美张仪，却称颂先王；魏文侯派乐羊率兵攻打中山，费时三年才攻下，乐羊胜利回来夸耀自己的战功，魏文侯就拿出一满箱的毁谤信给他看，乐羊看了赶紧跪下磕头说：'这不是我的功劳，都是出于君王的盛德。'现在我只不过是个寄居异乡的客卿，要是樗(chū)里疾和公孙衍仗韩国的势力而批评我，那大王一定会听他的。这样大王就欺骗了魏国，我也要受到韩相公仲侈的怨恨了。

"从前曾子住在费的时候，有一个费人跟曾子同名同姓，那个人杀了人逃走了。有人听到曾参杀人的消息，就跑去告诉曾子的母亲说：'曾参杀人了！'曾子的母亲很有信心地说：'我的儿子不会杀人的！'说完仍然照常织布。过了一会儿，又有个人来报告说：'曾参杀人了！'曾母听了还是照常织她的布。不久，又有一个人跑来说：'曾参杀人了！'曾母害怕了，丢下梭子，翻墙逃走。凭着曾参那样的贤明，以及平日曾母对他的信任，等到连续三个人来怀疑他时，那么连慈母也都不能相信他了。现在我的贤明远不如曾子，而大王信任我更比不上曾母信任儿子，怀疑我的人又不止三个，我怕大王要为我丢下梭子啊！"

"我绝对不听信谗言的，我跟您发誓好了。"秦武王说。

于是秦武王就和甘茂在息壤盟誓（公元前 308 年）。秦军攻打宜阳，果然不出甘茂所料，经过五个月还不能攻下。樗里疾和公孙衍交相在秦武王面前说坏话，说得武王几乎要听信了，便下令召回甘茂来警告他。甘茂一回来就对武王说：

"息壤就在那里！"

"是的，有这么回事！"武王点点头说。

秦武王又坚定了信心，增派大军，让甘茂继续指挥作战，终于攻下宜阳（公元前 307 年）。

江上处女（秦策二：甘茂亡秦且之齐）

秦国客将甘茂从秦逃亡出来（公元前306年），将往齐国去。出了函谷关，途中遇见苏代，就对苏代说：

"先生听说过江上处女的故事吗？"

"没听过。"苏代回答。

甘茂说：

"有一群夜间聚集在长江边织麻的处女，她们洁身自爱，不肯跟出身贫贱的人接触。有个家里穷得没火烛照明的少女，也混进了这个团体，但不久被揭穿底细，处女们决定把她赶走。这个家里穷得没火烛照明的少女，临走的时候对高贵的处女们说：'我就因为家里穷得没火烛，所以常早些来打扫房间铺席子，你们为什么要吝惜这照在四壁上的火烛余光呢？把这余光赐给我，对于处女们的高贵又有什么妨碍呢？我自己还认为对你们有益处，为什么要把我赶走？'处女们经过一番商量，认为有道理，就把她留下来。如今我实在很无能，被秦赶出关来，倒情愿替阁下打扫房间铺席子，希望不要赶我走。"

"好的！我去叫齐国重用您吧！"苏代说。

甘茂自个儿继续向齐国走。苏代不愿跟他同行，反而背道而驰向西方的秦国去。苏代见到秦昭王就说：

"甘茂是个杰出的人才，不是凡庸之辈。他住在秦国，受到历朝的尊重，对于殽关、溪谷等要塞以及战略地形都了如指掌。

假如他为齐国去联合韩、魏，反过来攻打秦国，那就对秦国很不利了！"

"那怎么办呢？"秦昭王着急了。

"不如用贵重的礼物和优厚的俸禄去请他回来。他一来，就把他软禁在槐谷，一辈子不让他出来。这样子，天下诸侯又怎么能动秦国的脑筋呢？"苏代回答。

秦昭王听了，觉得不错，就决定以上卿的官职授予甘茂，并派专使带着相印到齐国迎接他。

甘茂当然谢绝了。于是苏代趁机对齐闵王说：

"甘茂是个杰出的人才。现在秦国给他上卿的官职，用相印来迎接他，一定是他感念大王的恩德，才不回秦国去，而情愿当大王的臣子。现在大王将怎么重用他呢？大王如果不留住他，那他必然不再感激大王。凭甘茂那种杰出的才干，一旦指挥强秦的军队，那齐国就难以抵抗了！"

齐闵王听从苏代的建议，也拿上卿的官职授予甘茂，并对他的生活特别照顾。

王不好人（齐策四：孟尝君为从）

孟尝君打算建立合纵之约（公元前300年），韩人公孙弘对孟尝君说：

"贤公不如派人先去观察一下秦王。也许秦昭王是位能当帝王的君主，到那时贤公想要做秦王的臣子怕都来不及，哪有时间组

王不好人

织合纵之约抗拒秦王？也许秦昭王是个不好的君主，到那时贤公再组织合纵之约来抗拒秦昭王也不晚。"

"好的，就请阁下前往替我观察吧！"

公孙弘答应了，就率领十辆兵车前往秦国。秦昭王知道了，就等着在言辞上羞辱孟尝君。

公孙弘拜见秦昭王，秦昭王迫不及待地问：

"薛公的封地有多大？"

"有百里大。"公孙弘回答。

秦昭王笑着说：

"寡人的土地有几千里，都不敢说要抗拒一国。如他孟尝君只有百里大的弹丸之地，竟不自量力想抗拒寡人。这样做可以吗？"

公孙弘回答说：

"孟尝君喜欢人才，而大王不珍惜人才。"

"孟尝君喜欢人才，又怎么样呢？"昭王问。

公孙弘说：

"孟尝君所得的人才，都具有卓越的人格：不愿臣事天子，不愿结交诸侯；得志时不会羞愧人主，不得志时不肯屈居人下，像这样的人才有三位；治理天下可当管仲、商鞅的老师，陈说的义理立刻实践，能够使得其主称霸称王，像这样的人才有五位；出使于拥有万辆兵车的大国，被威严的君主羞辱了，马上就自抹脖子，必将鲜血溅染君主的衣服，像我这般的人才有十位。"

秦昭王笑笑道歉说：

"客卿何必如此呢！寡人不过和客卿说说罢了。寡人很喜欢孟尝君，想要请他来参观访问，请客卿务必把寡人的心意转达。"

"好的！"公孙弘回答。

公孙弘真可谓不可侵犯了。秦昭王是万乘大国的君主，孟尝君只是千乘小国的君主，以小国使臣的地位而不受大国凌辱，可说是成功的外交了。

谏而私宝（齐策三：孟尝君出行国至楚）

孟尝君田文外出巡游各国，到达楚国时，楚人送给他一张象牙床（公元前300年）。郢人登徒轮到值，要负责送象牙床给孟尝君。登徒不愿干这个差事，就去找孟尝君的食客公孙戍说：

"我是郢都的登徒，轮到值要负责送象牙床给薛公。可是象牙床价值千金，万一碰坏一点点，即使卖掉妻子也不够赔偿。足下如果能让我不用送这象牙床，我就把祖先留下来的一把宝剑献给您。"

公孙戍答应了，就去见孟尝君说：

"贤公难道要接受楚人赠送的象牙床吗？"

"是呀！"孟尝君回答。

"我希望贤公不要接受。"公孙戍说。

"为什么呢？"孟尝君问。

"小国所以都送相印给贤公，是因为贤公在齐国能怜恤贫穷的人，有存亡国继绝世的义气。小国的英明俊杰之士，都把国家政务委托给贤公，也是因为喜欢贤公的义气，仰慕贤公的廉洁呀。现在贤公一到楚国就接受象牙床，那未曾巡视的小国，将拿什么礼物来接待贤公呢？我还是希望贤公不要接受！"公孙戍回答。

孟尝君答应了，公孙戍赶紧告辞。不曾走出，刚走到小门，孟尝君又把他叫回来，问道：

"先生叫我别接受象牙床，这固然是很好的建议，但先生为什么走起路来轻飘飘的，显得那么扬扬得意呢？"

"因为我有三件大喜事，再加上得到一把宝剑呀！"公孙戍笑嘻嘻地回答。

"什么意思呢？"孟尝君问。

公孙戍回答道：

"贤公的食客有上百人，没有人敢入谏，只有我敢，这是第一喜；谏诤而蒙贤公采纳，这是第二喜；因谏诤而防止贤公的过失，这是第三喜。郢人登徒不愿意干送象牙床的差事，还答应事成后送我一把祖传的宝剑。"

"很不错！您接受了吗？"孟尝君乐得叫起来。

"还不敢。"公孙戍回答。

"赶紧收下！"孟尝君吩咐。

孟尝君灵机一动，就在门板上写道：

"有能宣扬我的名声，防止我的过失，私自在外头获得珍宝的，赶快来进谏。"

转祸为功（齐策三：孟尝君舍人有与君之夫人相爱者）

孟尝君田文的食客，竟有一个和孟尝君的侍妾偷偷相爱。有人报告孟尝君，并建议道：

"为人食客,竟做出这种不义的事,该杀!"

"看见美女而克制不住,这是一时的冲动,他会难过的。不要再提这件事儿啦!"孟尝君轻松地说。

过了一年以后,孟尝君才把那个偷偷爱上侍妾的食客叫来,对他说:

"先生和我田文结交很久了,我没能把大官给你做,而小官你又不肯干。卫嗣君是我未显贵时的老友,请准备车马,带着皮币礼物去拜见卫嗣君,从此臣事卫嗣君吧!"

这位食客在卫国颇受礼遇。

不久,齐、卫两国邦交恶化,卫嗣君老想联合天下诸侯攻打齐国。这位不够义气的食客就对卫嗣君说:

"孟尝君根本不知道我无能,硬是把我推荐给君王,但是我听过,齐、卫的上代国君曾杀马宰牛共订盟约说:'齐、卫的后代不许彼此攻伐,假如违约相攻伐的,就让他的命运像这被宰杀的马牛。'如果君王约天下诸侯来攻打齐国,这样就违背了先君盟约,也欺骗了孟尝君。但愿君王不要老是打齐国的主意。君王如果能听从我的话,那就没问题,否则,我本无能,我就要用自己脖子的血溅污足下的衣襟。"

卫嗣君想一想,也就终止伐齐的计划。

齐国人听到这件事以后都说:

"孟尝君真会处理事情,不杀食客,使灾祸转为功绩。"

借车驰之（赵策一：赵王封孟尝君以武城）

赵惠王把武城封给齐孟尝君（公元前284年以后）。孟尝君挑选有才干的舍人去治理武城，临行时，孟尝君对新任的武城官吏说：

"俗语中不是有'借来的车子就一直奔驰，借来的衣服就一直穿着'这句话吗？"

大家都说：

"是呀！本来就这样嘛！"

"我认为这句话不对。"孟尝君说，"借来的衣服和车子，不是亲友的，就是兄弟的。用亲友的车子而不知爱惜，穿兄弟的衣服而不存好心，我认为这是不应该的。现在赵惠王不知道我不肖，竟把武城封给我。希望你们到那儿去治理，不要滥伐树木，不要损毁房子，凡事要尽量体谅赵国，让赵惠王感悟而了解我。你们要谨慎治理武城，将来好完完整整地还给赵国。"

借兵救魏（魏策三：秦将伐魏）

秦将讨伐魏国，魏昭王知道以后（公元前283年），连夜召见宰相孟尝君，告诉他说：

"秦国将要攻打我国了,您怎样替寡人谋划对策?"

孟尝君说:

"要是有诸侯救援,魏国就可保存。"

"寡人希望您跑一趟。"魏昭王说。

于是魏昭王就为孟尝君准备了百辆雄壮的战车,让他到别国讨救兵。

孟尝君到了赵国,向赵惠文王说:

"我想借重贵国的兵力救魏。"

"寡人不愿出借。"赵惠文王说。

"我敢来借兵,是对大王尽忠呀!"孟尝君说。

"怎么说呢?"赵惠文王问。

孟尝君说:

"赵军并不强于魏军,魏军也不见得弱于赵军,然而赵国年年太平无事,人民年年生活安定,反之,魏国却年年战乱不停,人民也年年伤亡牺牲。这是什么缘故呢?这是因为魏国在赵的西面,替赵国屏障啊!现在假如赵国不救魏,魏国就会跟秦国歃血为盟,这样赵国就和强秦为邻,土地将年年危险,人民也将年年丧生。这就是我要向大王尽忠的原因。"

赵惠文王答应了,为孟尝君动员十万步兵和三百辆战车救魏。

孟尝君又到北方见燕昭王说:

"先父曾使燕、魏两王结为盟友,现在秦就要攻打魏国,请大王派兵求魏。"

燕昭王说:

"我燕国已经一连两年没好收成了,现在又要走几千里路去救魏,怎么办得到呢?"

借兵救魏

"走几千里路去救人,这是国家的大利。如今魏昭王一出都门就看见秦军,即使想走几千里路去救人,办得到吗?"孟尝君说。

还没等燕昭王答应,孟尝君又说:

"我已献给大王最合实际的策略,假如大王不用我的忠诚献策,我就告辞吧!不过从此天下恐怕会发生大变化。"

"会有什么样的大变化呢?"燕昭王问。

孟尝君说:

"秦攻魏,虽不能完全克服它,可是已深入魏国,焚毁高台,占领园囿。如果燕不救魏,魏王就会屈膝割地,把半个魏国送给秦国,如此秦军必定撤退。秦军撤退后,魏王可以动员韩、魏之兵,又向秦国借兵,同时联合赵国,用四国强大的兵力攻打燕国,到那时大王将有什么好处呢?究竟是走几千里路去救人有利呢?还是一出燕都南门就看见敌军有利呢?等强敌压境,而后应战,路途既近,粮食运输又方便,这样的情势,对大王究竟有什么好处呢?"

燕昭王说:

"您快回去吧!寡人听从您的请求。"

于是燕昭王立刻派遣八万步兵和二百辆战车,交给孟尝君指挥。

孟尝君回国后,魏昭王非常高兴地说:

"贤卿所借的燕、赵之兵,既多且快!"

秦昭王非常恐慌,就自动割地给魏国,请求和谈。

妒妇辣手（楚策四：魏王遗楚王美人）

魏襄王送给楚怀王一位美女，怀王很喜欢她（公元前306年左右）。

怀王的夫人郑袖看出怀王喜欢这位新人了，她便也非常喜欢这位新人：衣服啦，玩物啦，都捡那新人所喜欢的替她备办，住房啦，卧具啦，也捡那新人认为美好的让她使用。她爱新美人，比怀王还爱得厉害。

楚怀王说：

"妇女们侍奉丈夫，全凭她们的姿色，而萌生嫉妒，更是她们的本性！如今郑袖知道我喜欢这位新人，她也爱新人，爱得比我还厉害。这是孝子侍奉父母、忠臣侍奉君王的表现呀！"

郑袖知道怀王以为自己不嫉妒了，就对新人说：

"大王很欣赏您的姿色，不过，他嫌您的鼻子。您要是觐见大王，要记得用手捂住鼻子。"

魏美人很感激郑袖，见怀王的时候，就用手捂住鼻子，更显得娇滴滴的。

怀王更沉迷于魏美人的媚态。有一天，他跟郑袖谈起魏美人，顺便问道：

"新人见了我，就用手捂住鼻子，是什么缘故呢？"

"我知道——"郑袖又把话吞回去。

"即使很难听，也要说出来。"楚怀王笑着催促。

"她好像很讨厌嗅到君王的体臭吧!"郑袖慢慢说。

"好凶悍!"怀王恨恨地叫着。

怀王立刻下令割掉魏美人的鼻子,绝对不许抗命。

置相乱敌(楚策一:楚王问于范环)

楚怀王向范环问道(公元前305年):

"寡人想推荐个人到秦国当宰相,谁合适呢?"

"我还不够资格谈谈。"范环回答。

"我派甘茂去当秦国宰相,好吗?"楚怀王又问。

"不可以。"范环回答。

"为什么?"怀王问。

范环回答道:

"甘茂的老师史举,是楚邑上蔡的门尉,往大说不懂得侍君之道,往小说不明白治家之理,他只是以苛刻严讲而出名,甘茂侍奉他,却能够得心应手。所以像秦惠王的精明、秦武王的琐碎刻薄、张仪的喜欢说人坏话,甘茂侍候他们,却一连封过十个官,从没得过罪。由此可见甘茂实在是位贤人,然而却不能让他出任秦相。因为秦国有了贤相,并非楚国之利。以前大王曾派召滑前往越国任官,因而收复了句章。后来楚虽有大将唐眛被杀的灾难,还能趁着越国的内乱而占领南边的濑湖,使边境直达江东。大王所以能够建立如此丰功,乃是因为越国内乱而楚国安定。大王已经对越国使用过这种政策,对秦国竟然不用,我认为大王太健忘了。大王想在秦国立一位宰相吗？我认为像公孙郝才可以。公孙郝跟秦昭王关系密切，他们小时候一起穿衣服，长大了搭同一辆车，公孙郝甚至穿着秦昭王的衣服处理公务。这真是大王应推荐的理想宰相。大王推荐他当秦相，才能为楚国带来好处。"

厚礼藏慝(tè)（西周策：楚兵在山南）

楚军驻扎在周地的山南（公元前304年），楚将吾得准备为楚怀王而责备周赧王。于是有人向周赧王建议道：

"不如用最隆重的外交礼节，先派太子率领军乐队到边境去迎接吾得，君王再出郭欢迎，好让天下人都以为君王很看得起吾得。接着，故意泄漏消息给楚王说：'周赧王赠送给吾得的宝贝，叫作什么什么的。'楚怀王一定问吾得要这件宝贝，而实际上吾得拿不出来，那么楚怀王必然会惩罚他。"

壶飧(sūn)得士（中山策：中山君飧都士）

中山王设宴款待各都邑的士大夫，司马子期也在被邀请之列，可是席间他没吃到羊肉羹。司马子期越想越气，就跑到楚国，游说楚怀王讨伐中山国。中山王出奔时，有两名战士执戈紧随在后面（公元前301年）。中山王回头对那两个人说：

"你们为什么跟着我?"

那两人回答说:

"家父以前快要饿死的时候,大王曾赏一壶食物给家父吃。家父临终的时候交代说:'中山有国难时,你们一定要以死报效国家!'所以我们才来跟随大王,准备共赴国难。"

中山王听了这话,仰天长声叹息说:

"给人的东西不在乎多少,要看是否适当,结下的怨恨不在乎深浅,要看是否令人伤心。我为了一杯羊肉羹而亡国,因为一壶饭而得到两名勇士。"

毁之为之(齐策三:孟尝君奉夏侯章以四马百人之食)

孟尝君田文以四马百人的粮饷接待夏侯章,真可说是优厚的礼遇了。夏侯章每每跟人谈话时,却都在毁谤孟尝君。有人去向孟尝君打小报告,孟尝君说:

"我自有侍奉夏侯公的道理,请你不必多说啦!"

食客董之、蘩菁看不顺眼,就跑去责问夏侯公(公元前300年)。夏侯公说:

"孟尝君并非诸侯的身份,却给我四马百人的粮饷,太过分了。我没有分寸的功劳,而给我这样优厚的待遇,我只好故意毁谤他,借此来帮助他。孟尝君之所以能有宽厚长者的声誉,正因为是我在毁谤他,而他一点也不介意啊!我既要舍身报答孟尝君,怎么能够不毁谤他呢!"

舍长之短（齐策三：孟尝君有舍人而弗悦）

孟尝君不喜欢食客中的某人，想把他赶走。说客鲁仲连对孟尝君说：

"猿猴和猕猴如果离开树木住进水边，还不如鱼鳖灵敏；骐骥如果遭逢灾难，就不如狐狸便捷；曹沫举起三尺长的剑，一军的人都不能抵挡，假如叫曹沫丢下他的三尺长剑，操持除草的器具，和农夫一起在田里工作，就不如农夫了。由此可见，一个人如果舍弃他的优点，改用他的缺点，就是帝尧也有做不到的事。现在差遣别人做事，若不会做，就称他'无用'，教导别人做事儿，若听不懂，就称他'笨拙'。笨拙的就罢退他，无用的就遣弃他，使得人们不肯和这些被弃逐的人共事，那么这些被弃逐的人必定逃往别国，想尽办法来破坏我们，以便报复往日的仇恨。这难道不是为人处世的一大鉴戒吗？"

孟尝君颇以为然，也就不再驱逐那位食客了。

厉气循城（齐策六：田单将攻狄往见鲁仲子）

田单准备去收复齐邑狄城之前，先去拜谒鲁仲连（公元前276年）。仲连说：

"将军根本攻不下狄城。"

田单说:

"我仅凭五里之城七里之郭,率领残兵败卒,就击溃拥有万辆兵车的燕国,收复都城临淄。我怎么会攻不下狄城呢?"

田单说完话就上车离去,不跟鲁仲连告辞。

接着田单就发兵攻狄城,打了三个月却没攻下。这时齐国的孩童都唱着这样的歌谣:

"官军的帽子像簸箕,长长的剑把支撑着下颐,攻打狄城不能胜利,空白筑军垒、守梧丘。"

田单听到了歌谣,才害怕起来,又专程去请教鲁仲连,问道:

"先生曾说我不能攻下狄城,请告诉我其中的道理!"

鲁仲连说:

"将军在即墨时,坐下来就用草编鞋帽,站起来就拿工具挖战壕。为了鼓励士卒,常常高呼着口号,叫道:'可以出击了!宗庙被摧毁了!被摧毁很久了!祖先的灵魂归宿何处了!'在那个时候,将军有必死的决心,士兵没有贪生的念头,一听这种话,都洒泪饮泣,奋伸手臂,亟欲出战。这就是击破燕军的主因。现在将军东面有夜邑的俸禄,西面有菑上的娱乐,黄金宝剑佩在腰带上,驰骋于淄水和渑水之间,将士都贪恋人生的乐趣,没有必死的决心。这就是攻狄不胜的原因。"

"我田单有必死的决心,先生把我的心导入正途。"

第二天,田单就激励士气,亲自逼近城墙一带巡视,站在敌人箭矢石子射得到的地方,拿着鼓槌猛击战鼓。不久,狄人就投降了。

战国策：隽永的说辞

义不帝秦（赵策三：秦围赵之邯郸）

秦国军队包围了赵都邯郸（公元前257年），魏国的安厘王派将军晋鄙去救援赵国。因为畏惧秦军强盛，到了魏国的边界荡阴就停兵不进。魏安厘王又打发客将军辛垣衍悄悄从小路进入邯郸，透过平原君赵胜的介绍，去向赵孝成王游说道：

"秦国之所以急于围困赵国，是为了想称帝。秦昭王以前曾跟齐闵王争相逞威称帝，不久又因为齐国取消皇帝的称号，秦国也跟着取消了。现在齐国已经非常衰弱，只有秦国称霸天下，秦昭王不一定贪恋邯郸这地方，他的真正用意是想称帝。赵国如果派遣专使去尊奉秦昭王为皇帝，秦昭王必然很高兴，就会撤兵而去。"

平原君犹豫着，打不定主意。

这时齐国高士鲁仲连正在赵国游历，听到魏国准备叫赵孝成王尊秦昭王为帝的消息，就跑去见平原君说：

"城被围了，将怎么办呢？"

"我赵胜还敢谈什么？赵国的百万大军已经在长平折损了，如今邯郸又被包围而不能击退。魏王派客将军辛垣衍叫赵国尊奉秦王为帝，现在那个人就在这里，我还敢谈什么？"赵胜垂着头，无可奈何地说。

"原先我还以为您是天下的贤公子呢！我现在才知道您根本不是天下的贤公子。"鲁仲连说，"那位魏客辛垣衍在哪里？我愿意替您臭骂他一顿，叫他滚回去。"

义不帝秦

"那么我就叫他来跟先生见见面。"平原君说。

平原君便去见辛垣衍说：

"东国有位鲁仲连先生，人就在我这里，我想给将军介绍介绍。"

"我听说鲁仲连先生是齐国的高士。"辛垣衍说，"但我辛垣衍只不过一介使臣，职责在身，我不愿意见鲁仲连先生。"

"我已经跟他说过了。"平原君说。

辛垣衍只得答应见面。

鲁仲连见到辛垣衍，却一言不语。辛垣衍说：

"我看凡是留在这被围困的邯郸城中的人，都是有求于平原君的。现在我看先生的风貌，并不像有求于平原君，为什么老待在这围城里不走呢？"

"世人都认为鲍焦由于没有容忍浊世的度量才会自杀，其实不对呀！人们不了解鲍焦，才说他是为了解脱自身而死。"鲁仲连接着说，"那秦国，是个弃绝礼义、以屠杀为能的国家，用欺骗手段驱使士兵，像对待俘虏一样奴役百姓。假使他毫无顾忌地做起天下皇帝来，那么我鲁仲连就只有跳入东海去死了，我不能丧失人性的尊严去当他的顺民！我之所以要见将军，就是想帮助赵国呀！"

"先生怎样帮助呢？"辛垣衍问。

"我准备策动魏国和燕国支持赵国，齐、楚两国就会跟进支援。"鲁仲回答。

"燕国嘛！我可以相信它听您的，至于魏国，恐怕有问题。我是魏国的人呀！先生怎么能使魏国帮助赵国呢？"辛垣衍问。

"这是魏国没看出秦昭王称帝的害处，才会如此犹豫不决呀！"鲁仲连说，"如果魏国看出秦昭王称帝的害处来，那就一定会帮助赵国了。"

"秦昭王称帝的害处怎样呢?"辛垣衍问。

鲁仲连说:

"从前齐威王倡行仁义,他要率领天下诸侯去朝见周天子,但当时的周朝又穷又弱,诸侯都不去朝见,只有齐威王独自去。隔了一年多,周烈王死了,诸侯都去吊丧,齐国到得最晚。周朝君臣大怒,就派人警告齐王说:'天子驾崩,犹如天塌地陷,继位的天子都走下王位守丧,东方藩臣齐国的田婴竟敢迟到,依法应该斩首!'齐威王勃然大怒道:'呸!你妈是奴婢出身的呀!'结果齐威王落得被天下人所嘲笑。在周天子活着的时候去朝见,死了却又骂他。这实在是因为没法忍受周朝的过分要求啊!那做天子的本来就是这样的德性,不值得奇怪。"

"先生没看见过做仆役的吗?十个人服侍一个人,难道是力量胜不过主人、才智赶不上主人吗?却是因为怕他的权势呀!"辛垣衍说。

"那么,魏国和秦国比较,竟像个仆人服侍主人吗?"鲁仲连逼问着。

"是的。"辛垣衍答得很干脆。

"那么,我将要叫秦昭王把魏安厘王烹煮而后剁成肉酱。"鲁仲连激动地说。

辛垣衍听了很不高兴,说道:

"咳!先生的话也太过分了!先生又怎么能叫秦王把魏安厘王烹煮而剁成肉酱呢?"

"这是必然的事儿啊!等我说给你听:从前,鬼侯、鄂侯、文王是纣王的三个诸侯。鬼侯有个女儿长得很漂亮,把她献给纣王,纣王认为这女孩子不好，便把鬼侯剁成肉酱。鄂侯为了这事拼命谏诤，极力辩护，纣王又把他杀掉而晒成肉干。文王听到人家一样的称王称帝，到头落得变成肉干肉酱呢！"

"齐闵王将要到鲁国的时候，夷维子拿着马鞭跟从，对鲁国人说：'你们将怎样接待我们的国君？'鲁国人答道：'我们将用款待诸侯的十太牢接待你们的国君。'夷维子说：'你们这算是什么礼数？你们该清楚：我们国君，是天子呀！天子巡行诸国，诸侯应该离开自己的地方，交出国库的锁钥，撩起衣襟，亲自端着餐具，在堂下侍候吃饭，等天子吃完了，退下再听候命令。'鲁国人一听，索性关了城门挡驾，结果齐闵王便不能进去。将到薛国的时候，中途经过邹国。这时邹国的国君刚死，齐闵王想去吊丧。夷维子对邹国的嗣君说：'天子来吊丧，主人必得背向棺材，把北面的灵位改设在南方，然后天子再朝向南面吊丧。'邹国的臣子们都说：'一定要如此的话，我们情愿拔剑自杀。'因此齐王也不敢进入邹国。邹鲁两国的臣子，当国君活着的时候不能够奉养，死了也没能把米、贝、珠、玉什么的放在国君的嘴里，但是要叫他们向齐王行朝拜天子的礼，却死也不干。现在秦国是个有兵车万乘的大国，魏国也是个有兵车万乘的大国，都是拥有兵车万乘的国家，各有称王的名义，看到秦国打了一次胜仗，就要尊奉秦昭王为皇帝，难道三晋的大臣，倒反不如邹鲁两国的奴仆婢妾吗？再说秦昭王的野心是不会停止的，如果称帝，就将更动诸侯的大臣，撤免掉他认为不好的人的官职，赐给他认为好的人，把他不喜欢的人的职位剥夺了来，赐给他喜爱的人。他还要派他的女儿和巧于进谗言的妾妇们做诸侯的姬妾，住在魏国的王宫里。魏安厘王怎能安然无事呢？而将军又凭什么能保得住原有的宠幸呢？"

战国策：隽永的说辞

辛垣衍听了这番话，立刻站起来，向鲁仲连拜了两拜，谢罪道：

"起初我以为先生是个平凡的人，我现在才知道先生真是天下共同推仰的贤士！我愿意回去，不敢再说尊奉秦昭王做皇帝的事。"

秦军将领郑安平听见了这事，便下令退兵五十里。恰逢魏国公子无忌夺了晋鄙的军队赶来救赵，向秦军攻击，秦军也就退走了。

事后平原君要封给鲁仲连一块土地，鲁仲连再三推辞，不肯接受。平原君特地为他举办盛大的酒宴。等喝得有点醉意的时候，平原君站起来，走到鲁仲连面前，奉上千金向鲁仲连祝福。鲁仲连笑着说：

"士之所以会被天下人所推仰敬重，就在于替人排除忧患、消释困难、调解纷争而不接受报酬，如果接受报酬，便成了做生意的商人，我鲁仲连不愿做这种事儿。"

鲁仲连就辞别平原君走了，终其一生不再见面。

巨室取信（赵策一：腹击为室而巨）

腹击建造官邸，造得很大，荆敢就把这件事报告朝廷。主父（赵武灵王退位后的称号）把腹击叫来责问道：

"为什么要造那么大的屋子呢？"

腹击回答说：

"我是别国来的客卿，官位虽高而俸禄却低。假如官邸太小，眷属又不多，大王即使信赖我，恐怕百姓都会说：'一旦国家有大事，腹击必然不会为赵国效命。'现在我之所以要建造广大的官邸，就是为了在百姓面前建立信心。"

主父说："做得好！"

岂敢借道（西周策：三国攻秦反）

齐、韩、魏三国联军讨伐秦国回来时（公元前296年），西周君很担心魏军会来个借路过境。有人为西周君去见魏襄王说：

"根据谍报，楚、宋两国将联手攻打大王的土地去讨好秦国，因为秦国和三国讲和后，对他们很不利啊！"

魏襄王得到这消息，大为恐慌，马上下令全军回避周城，只在旷野露宿一夜，就全速东归。

佯使退敌（燕策三：齐韩魏共攻燕）

齐、韩、魏三国共同出兵攻打燕国（公元前296年），燕派太子向楚国求救，楚顷襄王便派景阳率军救燕。景阳率军北上，到了傍晚，该宿营了，就派负监军之责的左右司马修筑营地。等标志打好了，景阳大发脾气说：

"你们所修筑的营地，会被大水淹没的。这怎么可以让全军将士宿营呢？"

　　景阳就下令转移营地。第二天下大雨，山洪暴发，原先所修筑的营地，标志都被水淹没。全军官兵因此都很佩服景阳。

　　既赢得全军信服，景阳就擅自改变行军路线，不直接去救援燕国，却直扑魏国的雍丘，攻下后交给宋国。齐、韩、魏三国很震惊，纷纷从燕国撤兵南下。后来魏军列阵在楚军之西。齐军列阵在楚军之东，楚军想撤退回国都不可能了。景阳就打开西侧的军门，白天用战车和骑兵跟魏国通使，晚上用灯火做出打信号的样子。齐军觉得很奇怪，以为燕、楚两国和魏国在搞阴谋，唯恐被吃掉了，赶紧连夜撤退。齐军撤退后，魏国发现失去了盟军，也在当夜撤离战场。景阳终于安安稳稳班师回国。

市义营窟（齐策四：齐人有冯谖者）

　　齐国有个人名叫冯谖（xuān），穷得不能过日子，托人向孟尝君说情（公元前296年），愿意在他门下当一名食客。孟尝君问道：

　　"这个人有什么嗜好？"

　　"他没什么嗜好。"介绍人回答。

　　"这个人有什么才干？"

　　"他没什么才干。"

　　"好吧！"孟尝君笑了笑，答应收容他。

　　左右的人以为孟尝君看不起冯谖，只供给他粗茶淡饭。

　　住了没多久，冯谖就倚着柱子敲着剑，歌唱道：

"长剑啊回去吧！吃饭没有鱼呀！"

左右的人把这话报告了孟尝君。

"给他鱼，比照门下吃鱼的食客那样。"孟尝君说。

过了一段日子，冯谖又敲着长剑，歌唱道：

"长剑啊回去吧！出门没有车呀！"

左右的人都笑他，又告诉了孟尝君。孟尝君说：

"给他车，照门下乘车的食客那样。"

于是冯谖就坐着车，佩戴着剑，去拜访他的朋友，说道：

"孟尝君拿宾客之礼款待我。"

以后没多久，冯谖又敲着剑，歌唱道：

"长剑啊回去吧！没办法照顾家庭呀！"

左右的人都讨厌他，认为他是个贪得无厌的人，可是孟尝君却问：

"冯先生有家眷吗？"

"有年老的母亲。"左右的人回答。

孟尝君吩咐人给冯谖的母亲送吃的用的去，不要使她缺乏什么。从此冯谖就不再唱发牢骚的歌了。

后来孟尝君贴出一张通告（公元前295年），问门下食客：

"谁熟习会计，能够替田文到薛邑去讨债呢？"

冯谖赶紧在通告上签了名，很自负地向人说：

"我能。"

孟尝君看了姓名，很诧异地问：

"这是谁呀！"

"这便是唱'长剑啊回去吧'的人呀！"左右的人回答。

孟尝君笑着说：

"这位冯先生原来有才干呀!我对不起他,一直没接见过。"

于是孟尝君便请冯谖来见面,向他道歉道:

"田文的事务繁多,累得很,加上各种忧虑交缠,生性又懦弱愚蠢,以致怠慢了先生。先生不介意,竟有意思要替我去薛邑讨债吗?"

"我乐意去。"冯谖回答。

于是冯谖忙着准备车辆,打办行装,载着借据契约就上路了。辞别的时候,冯谖问道:

"债款收齐了,买些什么回来呢?"

"看我家里缺少什么就买什么。"孟尝君说。

赶着车到了薛邑,冯谖叫官吏们把所有债务人集合起来核对借据。借据全验对过了,他就假传孟尝君的命令,把要收的债都赐给老百姓。冯谖亲自当场烧了借据,人民都欢呼万岁。

冯谖马上又驱车赶回齐都临淄,一大早就去求见。孟尝君奇怪他回来得太快,赶紧穿戴整齐出来接见,问道:

"债都收完了吗?怎么回来得这样快呢?"

"都收完了。"冯谖回答。

"买了什么回来?"

冯谖说:

"您交代'看我家里缺少什么就买什么'。我自己想:珍宝,您家里多的是;狗马,马房里也多得很;美女,也住满了。您家里缺少的,只是'义'罢了。因此我自作主张,替您买些'义'回来。"

"买'义'是怎么回事儿?"孟尝君问。

"如今您只有这样区区的小薛邑,不知道像抚养儿女那样爱护您的老百姓,还借他们债营利。因此我私自假传您的命令,把债款赐给人民,并且当场烧了借据,赢得老百姓的欢呼。我便是这样替您买'义'的呀!"

"好吧!先生休息去!"孟尝君不高兴地说。

一年以后(公元前294年),齐闵王对孟尝君说:

"我不敢用先王的臣子做我的臣子!"

孟尝君只好回封地薛邑去。还隔着百里路远,老百姓就扶老携幼聚集在路上迎接他。孟尝君回过头来对冯谖说:

"先生替田文买的'义',今天看到了!"

"狡猾的兔子有三个洞穴,只不过免得一死罢了。如今您只有一个洞穴,还不能高枕无忧。"冯谖说,"我愿意替您再挖掘两个洞穴去。"

冯谖带着孟尝君给他的五十辆车子和五百两黄金,到西面的魏国去游说。他跟魏惠王说:

"齐国放逐他的大臣孟尝君给各国,诸侯先迎接他的,一定国富兵强。"

于是魏惠王把原来的宰相调任上将军,空出宰相的高位,派遣使者带黄金一千斤和一百辆车,前往薛邑聘请孟尝君。冯谖坐着车先赶回来,向孟尝君报告道:

"千斤黄金,厚礼呀!百辆车驾,大排场呀!齐闵王可能听到消息了。"

魏国的使者往返了三次,孟尝君坚决辞谢不去。

齐闵王听到这事,君臣都很吃惊,便派遣太傅赐给孟尝君黄金一千斤,花车两辆,佩剑一把,另附了一封信向孟尝君谢罪说:

"都是我不好,撞着神灵降下的灾殃,中了谄媚臣子的诡计,以致得罪了您。我是不中用的,不值得您顾念,希望您看在祖宗的面上,暂且回国治理万民吧!"

冯谖告诉孟尝君说:

"希望您趁此机会请求先王的祭器,在薛邑建立宗庙。"

等宗庙落成了,冯谖回齐都临淄,向孟尝君报告道:

"三个洞穴都挖好了,您暂且可以高枕无忧安享快乐了!"

孟尝君做了几十年的宰相,没有丁点儿祸患惹身,全是冯谖替他奠定的政治基础。

朝满夕虚（齐策四：孟尝君逐于齐而复反）

孟尝君一度被齐放逐,现在又要回国了（公元前294年）。齐人谭拾子特别到边境去迎接,向孟尝君问道:

"贤公对齐国士大夫们有什么怨恨吗?"

"当然有的!"孟尝君恨恨地回答。

"要不要把他们杀死来泄愤呢?"

"当然!"孟尝君斩钉截铁地回答。

谭拾子说:

"事情有必定发生的,情理有固定不变的,贤公知道吗?"

"不知道。"孟尝君回答。

"事情必定要发生的就是'死',情理固定不变的就是'富贵就投靠他,贫贱就离开你'。"谭拾子继续说,"就拿市场来解释吧!早晨时市场人潮汹涌,晚上却空无一人。这并非人们早晨喜欢市场或晚上憎恨市场,只因所需要的在市场,所以人们都来了,所需要的不在那里,所以人们都离开了。请贤公不要怨恨他们吧!"

于是孟尝君就拿出所怨恨的五百个黑名单,当着众人面前点把火把它烧掉了,从此不再提怨恨谁的事儿。

乐得温囿(yòu)(西周策:犀武败于伊阙)

秦军在伊阙击溃魏将犀武后(公元前293年),就借口周曾援助与魏结盟的韩国,乘胜进兵攻周。周赧王亲自赶往魏都大梁求救,魏昭王却以上党的情况紧急为由而拒绝他。无可奈何,周赧王只好折回。为了解解闷,顺道游览大梁的兽苑,玩得简直忘了忧愁。周赧王的大臣綦母恢看在眼里,就对周君说:

"温邑的兽苑绝不比这个差,又离周很近,我去替君王取得所有权,就可早晚畅游了。"

綦(qí)母恢于是回头去见魏昭王。魏昭王愧疚地问道:

"周君怨恨寡人吗?"

"不怨恨大王,还怨恨谁呢?"綦母恢回答道:

"我真替大王担忧!周君是天下的共主,倾尽全国之力为大王抵御秦国,大王却不能替他抵御秦国。我认为周君一定会投入秦的怀抱,到时秦国将出动所有塞外的兵力,联合西周的军民,全力攻打魏国的南阳,上党也就完蛋了。"

"那么该怎么办呢?"魏昭王问。

"周君的性格贪图小利,而且在情势上也不肯侍奉秦。要是大王能送给他温邑的兽苑,并且答应派三万军队去镇守,那么周君对百姓有了交代，又私下贪爱温邑兽苑的玩乐，就绝对不会跟秦国勾搭了。"綦母恢说，"我还听说温邑兽苑的收益每年八十金；周君得到它以后，将奉献给大王的是每年一百二十金。这样一来，上党可以安然无恙，又额外多了四十金的收入。"

魏昭王果然乖乖地把温邑的兽苑送给周赧王，并且派兵去镇守温邑。秦军以为周赧王已得外援，只好知难而退。

成败两全（西周策：犀武败周使周足之秦）

犀武战败以后，周赧王派相国周足去秦国交涉（公元前293年）。有人向周足建议道：

"您为什么不对周君说：'派我到秦国去议和，周、秦的邦交一定恶化。因为君王的大臣和秦国勾结得太多了，要是他想当相国，就会向秦国毁谤我，叫我没完成使命。我宁愿先免掉相国的职位再出使，好让君王任命那个人为相。他当了相国，就犯不着再向秦国毁谤我了。'其实周君重视秦国，才派相国出使，临行而免职，就等于轻视秦国，所以阁下一定不会被免职的。阁下讲了这番话再上路，要是能和秦建立良好的邦交，那是阁下的功劳，要是跟秦国的交涉失败，那和阁下闹意见的人势将因此而受到责备。"

献秦击齐（魏策三：芒卯谓秦王）

魏将芒卯对秦昭王说（公元前290年）：

"大王的臣子还没有一个能在他国掌权而做秦国内应的。我听说：'贤明的君王，决不舍弃内应而行事的。'大王想从魏国得到的，不外是长平、王屋、洛林等地；假如大王能让我当上魏国的司徒（六卿之一，司礼教），那么我能叫魏国献出这些土地。"

"好的。"秦昭王说。

秦王就设法让芒卯出任魏国的司徒。

芒卯于是向魏昭王说：

"大王最担心的，莫过于上地。秦国想从魏国得取的，只不过是长平、王屋、洛林之地。假如大王把这些地方献给秦国，那上地就不会再有忧患了，并且可借此向秦请求援军，往东攻打齐国，夺取的土地一定远超过给秦国的。"

"好的。"魏昭王说。

魏国就白白把长平、王屋、洛林等地献给秦国（公元前290年）。但是献地以后几个月，秦国并没有派遣援军。魏昭王忍不住就责问芒卯说：

"这是什么道理呢？你说！"

芒卯惶恐地回答说：

"我罪该万死。不过，我死了，那条约就会被秦撕毁，大王也没法去责难秦国。请大王暂且赦免我的死罪，我为大王去责求秦国遵守条约。"

于是芒卯就赶到秦国,对秦昭王说:

"魏国之所以把长平、王屋、洛林等地献给大王,是希望大王派军去攻打齐国。如今土地已献入,而秦兵却迟迟不肯派遣,我都快变成死人了。要是我死掉的话,那以后山东诸侯的人,再也不会替大王效命了。"

秦昭王听了,恭敬地注视着他说:

"由于国务缠身,才没时间派遣。现在就立刻派遣吧!"

过了十天,秦国援军果然派出。芒卯就率领秦、魏联军去攻打齐国,开拓了二十二县的地盘(公元前290年)。

卖美亲秦(韩策三:秦大国也)

秦是个大国,韩是个小国。韩国对秦很疏远,却又想在表面上讨好秦国。要讨好秦国,非黄金不可,韩国只好拍卖美人。美人的身价很贵,诸侯都买不起,只有秦王比较富有,花了三千金买下美人。韩国就把这些黄金拿去孝敬秦昭王,秦国不但收回黄金,又得到韩国的美人。美人埋怨韩国把她拍卖掉,就向秦昭王告密说:

"韩厘王实际上很讨厌秦国。"

由此看来,韩国不但丧失了美人和黄金,而且使疏远秦国的态度更加暴露。所以有个他国人就对韩国说:

"不如禁绝一切奢侈的用度,把积存的黄金拿去孝敬秦国。这样黄金攻势一定奏效,而韩国疏远秦的内情也不会泄露。美人大都知道国家的隐事,所以善于计谋的人,绝不把美人推出,免得泄露了国家机密。"

小而生巨（宋卫策：宋康王之时）

宋康王时代,在城墙角里有只麻雀孵出了一只猛鹯(zhān)。康王叫太史来占卜吉凶。太史占卜后,吞吞吐吐地说:

"小鸟而生大鸟,主霸天下。"

宋康王乐坏了,于是就灭滕,伐薛,攻占楚国淮北之地（公元前318年）。从此康王更加自信,恨不得很快就称霸天下,竟狂妄到用箭射天,拿板子打地,并斩毁社稷而烧成灰。他扬扬得意地夸口说:

"看我用威力降服天地鬼神！"

宋国的元老重臣凡是向他谏诤的,都遭到辱骂。宋康王又创制一种不遮盖头额的王冠,表示自己的勇武绝伦。为了满足好奇,竟劈开驼子的背,砍下早晨过河人的小腿,使得国人很惊慌。

齐闵王听到宋康王这些暴虐无道的作为,就找借口派兵讨伐他（公元前288年）。宋国人民都四散奔逃,城池也没有军队防守。宋康王逃到倪侯的官邸躲藏,还是被齐军捉到而杀掉了（公元前286年）。

由此可见,小鸟孵出大鸟来,并不见得是天降吉祥,即使天降吉祥,要是不修德爱民,吉祥反而变成灾祸。

倚闾而望（齐策六：王孙贾年十五）

王孙贾是位十五岁的少年，臣事齐闵王。当闵王出奔时（公元前284年），跟闵王失去了联络，他的母亲就对他说：

"每当你早出晚归时，我就倚靠家门等你回来；每当你晚上出去还没回来时，我就倚靠着里门等你回来。你现在身为君王的臣子，君王出奔，你竟不知道君王的下落。你还回来干什么？"

王孙贾挨了骂，转身走到大街上高声呼叫道：

"淖（nào）齿乱齐国杀闵王，愿意和我一起诛杀他的，裸露右胳膊。"

市街上立刻有四百多人响应，跟随王孙贾去诛讨淖齿，把淖齿刺杀了（公元前283年）。

一发不中（西周策：苏厉谓周君）

苏厉对周赧王说（公元前281年）：

"打败韩、魏，杀死魏将犀武（公元前293年），攻陷赵国的蔺、离石、祁等三城的（公元前282年），都是秦将白起。白起善于用兵，又得天助。如今白起又率军攻魏（公元前281年），魏必然一败涂地。假如魏军战败，西周就危险了。君王倒不如先阻止白起攻魏，跟白起说：'楚国有一个善于射箭的人，叫作养由基，离开百步之远射柳叶，百发百中，赢得人们由衷的赞美。却有个过路的人叫道："射得好！可以教他射箭了。"养由基不高兴地说："人人都称赞我，你却敢说可以教我射箭。你为什么不代我射射看呢？"路人说："我不能教你出左手屈右手那种射法。但是你既然射柳叶已经百发百中了，却不趁好收场，等一下你的气力衰退，弓拨反了，箭锋也弯了，只要一箭射不中，岂不是前功尽弃？"将军过去的战功太丰伟了，人人敬服。如今将军又率秦兵东出伊阙边塞，路过东西二周，践踏韩国领土，为了去攻打魏国，万一一战而失利，以前的功劳都报销了。将军倒不如休息休息，推托生病，不出面攻打魏国。'"

乐人之善（齐策六：燕攻齐齐破）

燕军攻破齐国，齐闵王逃奔莒城，被淖齿弑杀了（公元前284年）。田单死守即墨城，后来大破燕军，收复失土（公元前279年）。那时齐襄王还是太子，藏匿在太史家。齐国击败燕军以后，田单想拥立襄王，却迟疑不决，以致齐国人都认为田单要自立为王。

齐襄王即位以后，由田单出任宰相（公元前279年）。有一天，他们经过菑(zī)水，看见一个老人涉过菑水而冻得发抖，出水后竟不能走路，坐在沙滩上喘气。田单可怜他寒冷，想令后车随行的人分件衣服给他，却没有多余的衣服可给，田单就脱下自己的衣服给老人穿上。齐襄王嫌恶这种事，不觉自言自语道：

"田单施恩惠，将要夺取我的政权？不早一点防范，恐怕要来不及了。"

齐襄王唯恐被人听到，左右看看有没有人，看到山下有个人在串珠。襄王把他叫过来，问道：

"你听见我说的话吗？"

"听见了。"串珠者回答。

"你以为怎样呢？"襄王问。

"大王不如借此引为己善。"串珠者回答。

"怎样做呢？"襄王又问。

"大王应该赞美田单的善行，下令道：'寡人忧虑百姓饥饿，田单就收容他们，给他们饭吃；寡人忧虑百姓寒冷，田单就脱下自己的皮衣给他们穿；寡人对百姓爱护备至，田单也对百姓爱护备至，田单太称合寡人的意旨了。'田单有这些善行，大王就加以赞美；赞美田单的善行，田单的善行也就变成大王的善行了。"串珠者回答。

"很好！"齐襄王说。

于是襄王就赏赐田单牛和酒，赞美他的仁政。过了几天，串珠者又来求见襄王，说道：

"大王上朝的时候，应当请田单来，在朝堂上向他拱手答谢，并且亲自慰劳他。然后再下令调查饥寒的贫民，加以收容救济。"

齐襄王都照办不误。后来派人到乡里间打听，发现人民都在互相谈论道：

"田单真是爱人民，唉！都是大王指示的恩泽啊！"

跖狗吠尧（齐策六：貂勃常恶田单）

貂勃（公元前 277 年）老是毁谤田单说：

"安平君算什么？只不过是个小人。"

安平君知道了，就特别设酒宴招待貂勃，趁便在席间问道：

"我田单究竟哪儿得罪了先生，以致先生常在朝里批评我呢？"

"盗跖(zhí)的狗向尧吠叫，并非因为尊敬盗跖而瞧不起尧，只要不是它的主人它就会咬。现在假设公孙子贤明而徐子不贤，两个人要是打起来，徐子的狗还是会扑过去咬公孙子的腿。如果能够离开坏主人，去做贤主人的狗，哪会扑过去咬对方腿肚的肉呢！"貂勃说。他竟把自己比作狗。

田单听了，颇以为然，第二天，就把貂勃郑重推荐给齐襄王。从此貂勃就随时准备为贤主田单咬人了。

齐襄王有九个宠幸之臣，都想陷害安平君，一起对齐襄王说：

"当燕国侵略我们的时候，楚顷襄王曾派淖齿为将，率领万人来帮助齐国。现在国已平定，社稷也安宁了，为什么不派个特使去向楚顷襄王致谢呢？"

"在左右侍臣中，谁可以当特使呢？"齐襄王问。

这九人集团一致回答说：

"貂勃最适当。"

貂勃出使到楚国，楚王设宴款待他，留了几天还没回国。那九人集团又交相在齐襄王跟前说道：

战国策：隽永的说辞

"一个小小的使臣，竟受到万乘大国的君王殷勤的招待，岂不是因为他凭借着安平君的势力吗？安平君对大王，平常不守君臣之礼，不分大小尊卑。也许他存心不良，所以对内安抚百姓，笼络人心，广施恩德，救济困穷，对外结纳异族和天下贤士，暗中和诸侯中的英雄豪杰来往。他一定想有所作为呀！希望大王多加注意！"

有一天，齐襄王对侍臣说：

"叫宰相田单来！"

田单脱下官帽，光着脚，露出上半身，低着头走进宫，畏畏缩缩地请齐襄王赐予死罪。

过了五天，齐襄王才对田单说：

"你并没有得罪寡人，你照着你的臣子之礼做，我照着我的王者之礼做罢了！"

貂勃从楚国回来，齐襄王当面赐他酒喝。正喝得高兴时，齐襄王对左右侍臣说：

"叫宰相单来！"

貂勃赶紧离开宴席，向襄王叩头，说道：

"大王怎么说出这种'亡国之言'呢？请问大王上比周文王如何？"

"我不如周文王。"齐襄王回答。

"真的，我也知道大王不如周文王。那么大王下比齐桓公又如何呢？"

"我也不如齐桓公。"齐襄王回答。

"真的，我本来就认为大王不如齐桓公。既然不如他们，那么周文王得到吕望，还尊他为'太公'，齐桓公得到管夷吾，还尊他为'仲父'，现在大王得到安平君，却直呼他'单'。况且打从开天辟地有人类以来，为人臣的功劳，还有谁比安平君大呢？可是大王却口口声声'单，单'。怎么说出这种'亡国之言'呢？何况当初大王不能守先王的社稷，燕人兴兵袭齐国，大王逃往城阳山中躲着，安平君却凭着忧恐危殆的即墨一城——小小的三里内城，五里外郭，以及残兵七千——擒获燕军的主将骑劫与收复齐国的千里失地，这都是安平君的功劳啊！在那个时候，安平君如果闭绝城阳的消息，自立为王，天下没人禁得了他。但是他能从道义上来设想，认为不应该这样做，于是依山架木，修栈道，筑木阁，毕恭毕敬地往城阳山里迎接大王和王后，大王才能回国治理百姓。现在国家已平定，百姓已安宁，大王就大叫'单，单'。即使是婴孩，都不会出这种馊主意的。大王赶快杀掉出馊主意的那些坏蛋，然后向安平君谢罪，不这样的话，国家就危险了。"

齐襄王醒悟了，果然下令杀掉那九个宠幸之臣，驱逐他们的家属，更将夜邑一万户加封给安平君。

免身全功（燕策二：昌国君乐毅为燕昭王合五国之兵）

昌国君乐毅为燕昭王率领赵、楚、宋、魏、燕五国联军伐齐，一连攻陷七十多城（公元前280年），全部划归燕国版图。齐国只剩聊、即墨、莒三座城没被攻下，这时燕昭王却死了（公元前279年）。燕惠王即位，中了齐国田单的反间计而怀疑乐毅，另派大将骑劫接替他（公元前279年）。乐毅恐怕回燕国后会被杀，就逃到赵国去，赵惠文王非常礼遇他，封他为"望诸君"。后来骑劫兵败被杀，齐田单将失地完全收复（公元前279年）。燕惠王非常懊悔，又担心赵国重用乐毅，趁燕国之败来伐燕。于是就派人去责备乐毅，一方面又写封信向乐毅道歉说：

"先王把全燕国都委托将军，将军为燕而大败齐国，报了我列祖列宗的深仇，天下诸侯无不为之而震惊。我怎敢有一天忘掉将军的功勋呢？不幸先王丢下群臣而去，我新即王位，竟被左右侍臣所蒙蔽。我之所以派骑劫去接替将军的职位，为的是将军常年在外征战，想让将军回来休息一下，并就近商谈国家大事。不料将军误信传言，认为我对将军有成见，就捐弃燕国而归附于赵。将军为自己打算，倒是很周全，然而又怎样来报答先王对待将军的厚意呢？"

于是望诸君乐毅就派人带了封书信献给燕惠王（公元前279年）。信上写道：

"臣庸碌无能，不能遵照先王的教诲来顺应左右大臣的心意，深怕回国后受到死刑的处分，以致损害了当年先王擢用臣下的明智，也会连累足下落一个不义的恶名，所以我才逃奔到赵国，自己既背了不忠的罪名，也就不敢有所辩白了。如今君王打发使者来数落我，我怕君王的左右还不了解当年先王栽培我宠信我的道理，也不明白我当年之所以侍奉先王的用心，因此才敢写这封信来奉答君王。

"我听说凡是圣贤的君王，都不把俸禄私自送给自己亲近的人，而只给那些功劳多的人，也不拿官位随便委派自己喜欢的人，而只给那些有才干的人。所以凡是考察臣下的才干大小再委派官职的，就是在政治上成功的君王，凡是审度对方的行为优劣再联络交往的,就是在人格上成名的人物。就我所懂的一点学识来看,我觉得当年先王的行事为人,的确有凌驾当世诸侯的大志,因此引起我的向往之情,借着魏国派我出使的机会,亲自来到燕国,得蒙先王的赏识(公元前285年)。先王当时特别提拔我,把我从宾客的地位擢升到群臣之上,也不和宗室大臣商议,就叫我做了副相。我认为只要服从命令,遵守教诲,就可以侥幸无罪,所以接受了任命而没有推辞。

"当年先王对我说:'我和齐国有血海深仇,不管怎样软弱,也打算跟齐国拼一拼。'我说:'齐国,从前称霸天下的余威仍存在,过去屡次战胜的声势未消失,人民都熟习军事,懂得战争攻伐。大王如果想攻打齐国,那就一定要联合天下诸侯一同出兵,联合天下诸侯一同出兵,那就没有比先联合赵国更便捷的了。齐国现在占据的淮河以北的宋国地盘,楚魏两国都想夺到手,赵国如果答应出兵,可以再联合楚、魏之师,而宋国也必然尽力。如此,以我们复仇的雄师,再加上四个国家的兵力,一定可以把齐国彻底打垮。'先王听了,立刻同意。于是我便面受先王的指令,准备文书,亲自出使赵国。不久把事情办妥了,赶紧回来复命,接着又率领军队,随同各国去攻打齐国(公元前284年)。仰赖上天的赐福和先王的声威,被齐国割据的黄河以北的燕国故地,都响应先王而攻打齐国,一下子就打到济水之滨。在济水上游会师的诸侯联军,奉令向齐国发动攻击,结果又大胜齐军。接着选派快速的精锐部队,长驱直入齐国的都城临淄,齐闵王仓皇南逃莒城,才保留了一条老命。齐国那些珍珠、宝玉、金银、兵车、战甲,以及所有珍贵物品,完全没收到燕国来了。齐国的大吕钟安置在燕国的元英宫,燕国从前被齐抢去的鼎又回到历宝殿,掳获的齐

战国策：隽永的说辞

国珍贵物品也都陈列在燕国的宁台，燕京蓟邱一带的植物也都移植到齐国汶水一带的竹田里去。五霸以来，再也没有谁比得上先王的丰功伟业的了。先王当时觉得很满意，认为我还算称职，所以才划出一块地方封赐给我，叫我能够和那些小国诸侯相比。我没什么才干，却认为只要服从命令，遵守教诲，就可以侥幸无罪，因此就接受了封赐而没有推辞。

"我听说：'凡是贤明的君王，建立了功业就绝不肯自行废弃，所以才能名留青史；凡是有先见的人物，树立了名誉就绝不肯自行毁坏，所以能为后代所歌颂。'就像先王的报仇雪耻，灭亡了拥有万辆兵车的强国，没收了敌人八百年的积蓄，到了逝世的那一天，还将遗命诏告后嗣，执政大臣之所以能够遵循法令，使得众庶子顺服不争，那都是先王预加安排的缘故。先王的恩惠可说已达到最卑贱的人民和奴隶身上，一切施为都可以垂教后世。我又听说：'善于创业的人，不一定有好的成就，开始很好的人，不一定有好的结局。'以前伍子胥的计谋被吴王阖闾采纳了，所以阖闾能够远征楚国，攻陷郢都。夫差就不信任伍子胥，反而把他杀死，装在皮囊里投进长江。原来夫差根本不明白有先见之明的言论可以建立功业，所以才把伍子胥沉在江里而不后悔，伍子胥不能早些看出前后两位君主不同的气度，所以才落得被杀沉江而不肯离开。至于说到自己，要是能够避免杀身的罪刑而成全伐齐的功绩，用以表扬先王的遗业，这是我的上计良策。如果遭受了毁谤杀戮，以致败坏了先王的名望，那是我最害怕的事。至于说已蒙受了这样重大的罪名，反而帮着赵国去图谋燕国，以求取个人的利益，在道义上这是我绝对不敢做的。"

"我更听说过：'古时候的君子，和朋友绝交以后，绝不向对方说不好听的话，忠臣离开国家以后，绝不为自己的名誉洗刷。'我虽没什么才干，却常常听到君子这样讲。现在只是怕君王听信左右的话，不能明察我的言行举动，所以才敢写这封信回答君王，还请君王多多留意！"

抱薪救火（魏策三：华阳之战）

华阳之战，魏军被秦军打败（公元前273年）。第二年，魏将派段干崇割地跟秦讲和（公元前272年）。魏人孙臣对安厘王说：

"魏国没有在战败时割地给秦，可以说善于应付战败的局面，而秦国不在战胜时要求魏国割地，可以说不会利用战胜的优势。现在事情已过了一年，才要割地给秦，这是群臣在为自己打算，而大王又不够聪明。那些想讨秦昭王欢心以得取封爵的，以段干子为代表，而大王竟然派他去割地给秦，要求割地的是秦国，而大王却任由他颁授封爵。想要接受封爵的必然多割让土地，想要获得土地的必然多颁授封爵，在这种情势下，就没有魏国的存在了。何况那些奸臣本来就想去侍奉秦国。拿国土去侍奉秦国，就像抱着柴草去救火，柴草不烧完，火是不会停的。大王的土地有限量，而秦国的欲望却无穷。这就像抱着柴草去救火呀！"

魏安厘王说：

"确实有道理，可是我已经答应秦国，不好变卦呀！"

孙臣回答说：

"大王难道没看过下棋的人用枭吗？要吃就吃，要停就停。

现在大王被群臣胁迫而答应割地给秦,还要说不好变卦,大王的聪明怎么还不如下棋的人呢?"

"好的!"魏安厘王说。

于是魏安厘王就把割地的事搁置下来。

幸臣妖祥（楚策四：庄辛谓楚襄王）

庄辛对楚襄王说（公元前 280 年）：

"在君王身旁的,左边有州侯,右边有夏侯,坐在车上陪伴君王出行的,有鄢陵君和寿陵君。这些人专门引诱君王干些淫乱奢侈的事,使得君王不理国家政事。照这样下去,郢都必定危险。"

"先生老糊涂了吗?你以为楚国将有什么灾异吗?"楚襄王嚷道。

"我实实在在看到一种必然的现象,并不敢故意拿国家会有什么灾异来耸人听闻呀。"庄辛说,"君王如果继续亲近这四个人,楚国必定灭亡无疑。我情愿躲到赵国去,在那里待一段时间瞧瞧。"

庄辛离开楚国,到赵国才住了五个月,秦国果然攻陷了鄢、郢、巫、上庸等地（公元前 279 年）。楚襄王流离逃亡到城阳,历尽苦难。这时楚襄王想起了庄辛,于是打发快马去赵国接他。庄辛答应了。

庄辛到了城阳（公元前 277 年）,楚襄王对他说：

"俗语说：'见了兔子再去找狗,还不算晚；走失了羊群再修补羊圈,还不算迟。'"

幸臣妖祥

庄辛答道:"我听说古时的商汤和周武王,只凭一百里地就开创天下,而夏桀和殷纣王,虽然拥有天下,却招致灭亡。如今楚国虽不大,截长补短拼凑一下,还有几千里,又何止百里呢!"

"君王难道没见过蜻蜓吗?它有六只脚和四个翅膀,在天地之间自由飞翔,一低头就能啄食蚊蝇,一仰脸就能吸饮甘露,自己满以为与世无争,不会有什么灾难,却不知那些顽皮的小男孩正在调制黏液沾在丝线上,向上抛出三丈来高,要把它捉下来,给蝼蛄、蚂蚁作食料呢!"

"蜻蜓不过是小东西,比它大一点的黄雀也跟它一样。飞下来就啄食白色的米粒,飞上去就栖止茂盛的树枝,它鼓翅张翼地自由飞翔,自己满以为与世无争,不会有什么灾难,却不知那些公子哥儿左手拿着弹弓,右手捏着弹丸,将射向飞在七八丈高的它。它的脖子变成了弹射的目标,白天还在丰茂的树枝上歌唱,晚上就成了酸咸的菜肴,不过一刹那间,就落到公子哥儿的手中。"

"黄雀不过是小东西,比它大一点的黄鹄(hú)也跟它一样。在江海上遨游,在湖沼上停落,低下头就吃鳝鱼、鲤鱼,仰起脸就咬菱角、荇(xìng)菜,张开它那六根劲羽,驾乘着清风,在高空中飘飘摇摇地飞翔,自己满以为与世无争,不会有什么灾难,却不知那些猎人正在调整弓箭,准备射具,将射到在七八十丈高的它身上。它遭受了锐利箭镞的穿射,带着微细的箭丝,歪歪斜斜地从清风中跌落下来,白天还在江湖上遨游,晚上就被放在锅鼎里烹调。"

"黄鹄不过是小东西,蔡灵侯的事情也跟它一样。他南游那高峻的峰峦,北登那有名的巫山,喝着茹溪的清流,吃着湘江的鲜鱼,左手抱着妙龄的娇妾,右手拥着宠幸的美女,和她们在国都上蔡地方驰骋游乐，不理会国家的政务，却不知那子发正受命于楚灵王，要用红绳子把他绑去见楚灵王呢！"

"蔡灵侯的事情不过是一件小事罢了，君王的事情也跟这一样。在君王身旁的，左边有州侯，右边有夏侯，坐在车上陪伴君王出行的有鄢陵君和寿陵君，吃着从采邑取得的米粮，花着国库储存的金钱，跟他们在云梦泽里驰骋游乐，不理会国家的政务，却不知那穰侯正受命于秦昭王，要占据黾（miǎn）塞以内的地盘，把您投掷到黾塞以外去。"

楚襄王听了庄辛这一席话，脸上的颜色都变了，浑身发抖，于是拿着珪符授给庄辛，封他为阳陵君，赐给他淮北的封地（公元前277年）。

龙阳涕鱼（魏策四：魏王与龙阳君共船而钓）

魏安厘王和龙阳君坐在一艘船上钓鱼，龙阳君钓到十多条，却在掉眼泪。安厘王一看他哭，很怜惜地问道：

"哪里不舒服？如果有的话，怎么不告诉我呢？"

"我并没什么不舒服。"龙阳君回答。

"那么为什么流泪呢？"安厘王问。

"因为我就是大王钓到的鱼。"龙阳君说。

"这话是什么意思呢？"安厘王问。

龙阳君说：

"我刚钓到鱼的时候，还蛮高兴的，后来又钓到更大的鱼，就想把最初钓到的丢掉。现在我凭着丑陋的样子，能有机会在大王的左右侍奉，很荣幸地，我的爵位已经是被封为'君'，在朝廷中颇受朝臣们的礼敬，在街道上人们都要回避让路。但是，天下美人必然很多呀！当他们听到我在大王面前得到宠爱，到那时，我就变成大王最先钓到的小鱼。我一想到也将被抛弃，怎么不伤心流泪呢！"

"哎哟！有这样的忧虑，为什么不早点跟我讲呢！"安厘王怜惜地说。

于是安厘王就通令全国说：

"有敢献美人的，一律抄家灭族！"

死弗敢畏（秦策三：范雎至秦王庭迎）

范雎一到，秦昭王亲自到庭院迎接（公元前271年），对他说：

"寡人本来就该向您讨教的，只因义渠的情况紧急，寡人天天都得向太后请示机宜。现在义渠的事情总算结束，寡人才有工夫向您讨教。实在抱歉得很，竟糊里糊涂的，没有早接近您。"

秦昭王恭恭敬敬行了宾主之礼，范雎也谦让了一阵。这一天凡是看到范雎风度的人，没有不肃然起敬的。

秦昭王斥退左右近侍，宫中再没有别人。秦昭王便挺起身跪着请求道：

"先生愿意教导我什么呢？"

范雎只是唯唯应诺着。

过了一会儿，秦昭王又向范雎请教，范雎还是唯唯地应着。像这个样子一连三次。

"难道先生不愿意指教寡人吗？"秦昭王挺直身子跪着问。

"不敢这样啊！"范雎赶紧谢罪道，"我听说从前吕尚遇着文王的时候，只不过是一个在渭水北岸垂钓的渔翁而已，双方根本没什么交情可言。可是等吕尚说完了一套话，文王马上拜他为太师，用车载他一起回朝，因为吕尚的话极关紧要呀。后来文王果然靠吕尚的帮助，据有天下而自立为帝王。假使文王当年疏远了吕尚，不和他深谈，那么周朝也就没有做天子的德行，而文王和武王也不能完成他们的王业了。现在我只不过是个寄食外乡的平民，和大王没有什么交情，然而想向大王剖陈的话，却全是匡正君臣的事。夹在人家至亲骨肉之间，想把我卑陋的忠诚表达出来，可是又不知道大王的心意怎样，大王三问而我都不敢回答，就是这个原因。我并不是有所畏惧而不敢说，明知今天说出来，明天就得惨死，我还是不怕。只要大王肯相信并推行我说的建议，就是死，我也不以为是痛苦；就是亡，我也不以为是祸患；即使用漆涂身假装麻风病人，披头散发假装精神病，我也都不认为是可耻的事。像五帝那样圣明都得死，像三王那样仁爱都得死，像五霸那样贤能都得死，像乌获那样凶猛都得死，像孟贲、夏育那样勇敢都得死。死，是人类绝对不能避免的。既然人一定非死不可，只要对秦国稍有帮助，就是我的最大愿望，我有什么好害怕的呢？当年伍子胥藏在行李包里偷渡昭关，黑夜才敢走路，白天伏着不动。当他走到菱水时，饿得快死了，竟爬在吴国大街上讨饭。可是后来他终能复兴吴国，使吴王阖闾称霸天下。如果让我能像伍子胥那样进献计谋，再把我幽囚起来，终身不让我和大王见面，只要我的建议已被采纳实行，那我还忧虑什么呢？古时箕子和接舆，用漆涂身，披头散发假装精神病，可惜对殷和楚并没有帮助，即使让我像箕子、接舆一样漆身装疯，只要能够对贤明的君王有所帮助，这就是我的最大光荣，我还会感到什么耻辱呢？我所担心的，只是怕天下的人看到我尽忠而被杀，从此闭口不言、裹足不前，不肯再亲近秦国罢了。大王如今上面害怕太后的严厉，下面迷惑于奸臣的作弄，居住在深宫里，早晚离不开保傅的手，终日糊里糊涂，没有办法鉴别奸邪。照这样下去，严重时足以亡国灭宗，轻微的也会使自身陷于孤立危险。这正是我所担忧的哩。至于穷困羞辱的事情，死亡灭绝的祸患，我不敢为此而担忧，我死了而秦国能够富强，远胜过我活着呀！"

秦昭王跪着说道：

"先生您这是什么话呀！秦国这么偏僻遥远，寡人又这么愚蠢不肖，承先生不弃，乐意来到这里，这真是上天把寡人托付给先生，借以保存先王的宗庙呀！寡人现在能够得到先生的指教，这是上天保佑先王，不忍心抛弃他的后裔的缘故呀！先生怎么说出这种话来！事情无论大小，不管是太后的，或者是大臣的，希望先生全都教导寡人，不要一再怀疑寡人吧！"

范雎听了这话，向秦昭王拜了两拜，秦昭王也拜了两拜。接着范雎提出"远交近攻"的策略，主张优先以全力进攻韩魏，以占领土地为作战目标，不从事越境远征，以减少浪费，并建议联络楚赵等国，以孤立韩魏。秦昭王接纳此建议；十年之间，黄河以北的韩国地盘，全被秦席卷而去。

投骨斗狗（秦策三：天下之士合从相聚于赵）

天下的策士聚集在赵国讨论合纵盟约，以便攻打秦国。秦相应侯范雎对秦昭王说（公元前266年）：

"大王不必担忧，我可以叫他们解体。秦对于天下的策士，并没有仇冤，他们所以聚在一起谋划攻秦，只不过为自己升官发财罢了。请看大王的那些狗，躺的躺，站的站，走的走，停的停，没有互争的，投一块骨头给它们，立刻跑过来龇牙咧嘴地乱咬乱叫。为什么呢？就因为有了争夺的念头。"

于是范雎就派唐雎率领歌舞团，带着五千金，让他在赵国的武安大摆宴席，并且对外宣称：

"聚集在邯郸的天下名士，谁愿意先来拿些黄金呢？"

结果参加合纵会谈的谋士，虽然没有全部得到黄金，但得到黄金的都跟唐雎称兄道弟了。

范雎又告诉唐雎说：

"阁下为秦国在外交上建功，不必管黄金究竟给了哪些人，只要把黄金都花光，功劳就大了。现在再派人载五千金给阁下花。"

于是唐雎再度到武安收买天下策士。结果花不到三千金，那些谋士就自相争斗了。

散萃佐枭（楚策三：唐雎见春申君）

齐人唐雎（可能是投骨斗狗的唐雎）觐见楚国春申君黄歇说（公元前241年）："齐国人认为整饰外表修养品行就能得到禄位，然而我却不愿去学。我不怕涉渡江河，走了一千多里路而来，就是仰慕贤公崇高的节义，想使贤公的事业更加恢宏。我听说那孟贲、专诸只是身怀尖锥利刃，人人称他们是勇士，西施只穿粗布衣裳，天下人都说她是美女。如今贤公荣居万乘楚国的宰相，防御中原诸国的侵扰，但是所希望的并没成功，所要求的也没得到，这是因为有才干的辅佐之士太少了。下棋时，那颗犹如将帅的枭所以能吃尽对方，主要是由于很多散棋帮它围堵。一颗枭，胜不过这五颗散棋，这是很明显的道理。现在贤公为什么不当天下的枭雄，而让臣等担任散卒呢！"

冠盖相望（魏策四：秦魏为与国）

魏与秦结成同盟后，齐、楚联合起来要攻打魏国（公元前266年）。魏国派使臣向秦国求救，求救使臣一个接一个，他们的帽子和车盖沿途相望。可是秦国不肯派出救兵。魏国有个人叫作唐且（jū），年纪已经九十多，还去向魏安厘王说：

"老臣愿意出使到西方去游说秦王,叫他的军队比我先出来,好吗?"

"谢谢!"魏安厘王恭敬地说,于是派出车子送唐且到秦国去。

唐且觐见秦昭王以后,昭王对他说:

"老先生那么疲累了,还走了那么远的路来到这里,一定够辛苦了。魏国连连派使来求救,寡人知道魏国很紧急了。"

唐且回答道:

"大王已知道魏国紧急,而救兵却始终没派出,这就证明大王那些策划的谋臣没尽到责任。况且那魏国是一个拥有万辆兵车的大国,所以甘愿为秦国自称东方屏藩,接受所赐冠带,春秋供奉祭品,那是认为秦国强盛,足以当作盟国来信赖。如今齐、楚的军队已逼近魏都了,大王的救兵不来,魏国一着急,可能会割地和齐、楚结盟。到那时大王即使要派兵救魏,也来不及了。这样就丧失了一个拥有万辆兵车的魏国,而强化了齐、楚两个敌国。所以我认为大王的谋臣都没尽到责任。"

秦昭王听了这番话,恍然大悟,感叹不已,于是赶紧派遣部队,下令连夜赶往魏国支援。

齐、楚两国得到这消息,也就把军队撤退了。

不可不忘(魏策四:信陵君杀晋鄙救邯郸)

信陵君魏无忌杀死魏将晋鄙,夺得军权后,率军赶往邯郸救赵,结果大破秦军,挽救了赵国的危亡命运。当赵孝成王亲自到郊外迎接时（公元前275年），魏臣唐且（与使秦者同一人）先对信陵君说：

"我听说：'事情有不可知道的，有不可不知道的；有不可忘记的，有不可不忘记的。'"

"这些话指的是什么呢？"信陵君问。

唐且回答道：

"人家憎恨我，不可以不知道被憎恨的缘由；我憎恨人家，不可以让别人知道憎恨他的原因；人家对我有恩惠，不可以忘记；我对人家有恩德，不可以不忘记。如今阁下杀晋鄙，救邯郸，破秦人，存赵国，这是对赵国极大的恩德。现在赵孝成王亲自到郊外来迎接阁下，阁下千万不能摆架子，可要若无其事地会见赵孝成王哪！我希望阁下能忘掉对赵国的恩德。"

信陵君恭敬地说：

"我无忌很乐意接受先生的指教。"

以生人市（赵策四：虞卿谓赵王）

赵上卿虞卿问赵孝成王说（公元前266年）：

"照一般的常情来说，愿意受别人朝见呢，还是愿意去朝见别人呢？"

"任何人都希望受别人朝见，怎么会愿意去朝见别人呢？"赵孝成王说。

虞卿说：

"魏国是合纵之约的盟主，而阻挡赵国当盟主的就是范痤。

战国策：隽永的说辞

现在大王可用百里之地和万户之都做条件，去要求魏国杀掉范痤，范痤一死，那么合纵之约的事务就可以转移到赵国来。"

"好的！"赵孝成王说。

于是赵孝成王就派人用百里之地为条件，去要求魏国杀掉范痤。奇怪得很，魏安厘王竟然答应了，立刻派司徒逮捕范痤。范痤趁着还没被杀，赶紧上书给安厘王说：

"我听说赵孝成王拿百里的土地，请求大王把我杀掉。杀死一个无罪的范痤是件小事，获得百里的土地却是一件大利，我私自为大王感到庆幸。虽说不错，但有一点要留意：就是百里之地不能得到的话，已经杀死掉的却不能叫他复活，到那时大王必然会被天下诸侯讥笑了。所以我私下认为与其用死人来做这笔交易，倒不如用活人交易来得便利。"

范痤又写封信给他的后任宰相信陵君魏无忌说：

"赵和魏是势均力敌的国家，如今赵孝成王寄来小小的一封信，魏安厘王就轻易地为他杀死无罪的痤。我范痤即使不肖，也当过魏国的宰相，曾经为了魏国而得罪赵国。一个国家，如果朝廷没有柱石之臣，即使能在外边获得土地，也没办法镇守的。然而今天能守住魏国的，再没有人比得上贤公了。君王听从赵孝成王的话，杀掉痤以后，要是强秦也按照赵国的样子来要求，并且加倍赵国百里的割地，到那时贤公将怎样来阻挡强秦无理的要求呢？这将是贤公的大困扰哪！"

信陵君看了信以后说：

"果然厉害，下一个可能轮到我！"

于是信陵君赶紧去向魏安厘王陈述意见，终于把范痤释放了。

爱子计远（赵策四：赵太后新用事）

赵太后刚刚执政，秦国乘机急攻赵国。赵国向齐求救（公元前265年），齐国说：

"一定要用长安君来作人质，齐国才肯出兵。"

太后不肯这样做，大臣们都极力谏诤。太后一字一字清清楚楚地对左右侍臣说：

"有再提把长安君送去作人质的，老妇一定唾他的脸！"

左师触龙请求见太后。太后满面怒气等他来。触龙慢吞吞走进来，走到太后面前就谢罪道：

"老臣的脚有毛病，走路不大方便，所以好久没拜见太后了。我私下猜测，也许太后的玉体也一样的不舒服，才来见见太后。"

"老妇得靠推车走路。"太后说。

"每天的饭量没有减少吗？"触龙问。

"只喝喝稀饭罢了。"太后回答。

"老臣近来也不大想吃，就勉强自己每天慢步走个三四里，渐渐喜欢吃东西，身体也觉得舒服些。"触龙说。

"可惜老妇办不到。"太后说。

看太后的脸色温和多了，左师公于是继续说：

"老臣有个儿子叫作舒祺，年纪很轻，没什么本领，可是我已经衰老了，因为很疼爱他，希望能让他补个卫士的缺来保卫王宫，所以冒着死罪把这话说给太后听。"

"那没问题！他几岁了？"太后说。

"十五岁了。虽然年纪还轻，希望趁着老臣还没死，给他安排个托身之处。"左师回答。

"男人也疼爱自己的小儿子吗？"太后问。

"比女人还疼爱。"左师回答。

太后笑了，说：

"我们女人疼得特别厉害！"

"老臣私下觉得您爱燕后，远超过爱长安君。"左师说。

"您错了，比不上爱长安君厉害！"太后说。

"父母疼爱儿子，是为他们长远着想的。"左师公说，"当年您送别燕后的时候，拉着她的脚后跟流泪，为她就要远嫁他方而悲伤，也够哀怜她了。她出嫁以后，心里不是不想念呀！可是每当祭祀的时候必定祷告，祷告说：'一定别让她回来！'这难道不是往长远处着想，希望燕后能有子孙世世代代继承王位吗？"

"是的。"太后说。

左师公继续说：

"从现今往上数到三代以前，数到赵国从大夫之家成为诸侯之国的时候起，那历代国君的子孙被封为侯的，他们的后嗣还有存在的吗？"

"没有。"太后回答。

"不仅是赵国，就是其他诸侯子孙受封的，还有存在的吗？"

"老妇没听说过。"

"这是因为近些的本身就遭祸殃，远些的就祸延子孙。难道说人主的子孙就一定不好吗？这是由于他们爵位高而没有功勋，俸禄厚而不做事，又拥有大量的贵重宝物呀！如今您使长安君有了尊显的地位，封赐他肥沃的土地，又给他大量的贵重宝物，却不叫他趁现在为国家建立功勋。如果太后崩逝，那长安君又怎么能在赵国立足呢？老臣认为您替长安君打算得太短近了，所以觉得您爱他比不上爱燕后。"

"好吧！就任凭您怎么安排好了。"太后终于想通了。

于是赵国就准备了一百辆车子，送长安君到齐国作人质，齐国也如约派军队去救援赵国。

问有本末（齐策四：齐王使使者问赵威后）

齐王建派使者给赵威后请安（公元前264年）。带来的书信还没有拆开，威后就向齐使问道：

"今年收成还好吗？百姓也都平安吗？齐王建也平安吗？"

"臣是奉命来向威后请安的。如今您不先问齐王建，倒先问起年成和百姓来，岂不是先卑贱而后尊贵吗？"

"不是的。"威后说，"假如没有收成，哪里还有百姓？假如没有百姓，哪里还有君王？照老例子那种问法，岂不是舍本而问末了吗？"

于是威后继续向齐使问道：

"齐国有位处士叫作钟离先生的，还好吗？他的为人是：有粮食的让他们有饭吃，没粮食的也让他们有饭吃，有衣服的让他们有衣穿，没衣服的也让他们有衣穿。这是帮助齐国养育百姓的呀，为什么到现在还不给他职位，叫他成就更大的功业呢？叶阳先生还好吗?他的为人是:怜悯鳏夫寡妇,抚恤孤儿独老,救济困窘穷苦的,补助衣食不足的。这是帮助齐国照顾百姓的呀,为什么到现在还不给他职位,叫他成就更大的功业呢?姓北宫的那位婴儿子小姐还好吗?她为了侍奉父母,除下耳环玉饰,终身不嫁人。这是倡导百姓孝顺父母的呀,为什么到现在还不给她封号表扬呢?有这样的两位处士不给他们职位以成就功业,有这样的一位女子不给她封号表扬,怎么能够治理齐国、爱养万民呢?于陵那位叫子仲的还活着吗?他的为人是:对上既不肯做齐国的臣,对下也不肯管理自己的家,对中更不肯同诸侯交往。这是倡导百姓变成无用废物的,为什么到现在还不杀他呢?"

以爱殉葬（秦策二：秦宣太后爱魏丑夫）

秦宣太后私下跟魏丑夫搞得火热。太后病重将死的时候（公元前265年），下令说：

"替我办丧事,必须用魏丑夫殉葬。"

魏丑夫很怕死,听了这话,愁眉不展,庸芮替魏丑夫去向宣太后求情,说道：

"太后认为人死了以后还有知觉吗？"

"没有知觉了！"太后神色黯然,显得有气无力的。

"像太后这样贤惠的人,明知人死后没有知觉,为什么又要把在世时喜爱的人,白白殉葬在已经毫无知觉的死人旁边呢？假如说人死了还会有知觉,那么先王在地下郁积愤怒已经很久了,太后补救过失还怕来不及,哪里还有时间去偷爱魏丑夫呢?"庸芮直截了当地说。

"好的!"太后无奈地说,就打消了用魏丑夫殉葬的原意。

不死之药（楚策四：有献不死之药于荆王者）

有人献长生不死的药给楚王,由接待的侍臣拿进宫去。一个侍卫见了,盘查一番后,问道:

"可以吃吗?"

"可以。"侍臣回答。

卫士把不死之药抢过来就吞进肚里。

楚王正梦想长生不死,知道自己的长生不死药被抢了,非常愤怒,就下令杀掉卫士。卫士托人向楚王解释道:

"我问那位侍臣,侍臣说可以吃,我听他的话才把药吃了,可见我没罪,罪在侍臣。况且客人献的是长生不死药,我吃了立刻就被大王杀死,那'不死药'原来是'必死药'啊!大王杀死一个无罪的臣子,就证明大王被人家欺骗了。"

楚王总算领悟了,也就没杀这个吞食长生不死药的卫士。

战国策：隽永的说辞

骥服盐车（楚策四：汗明见春申君）

说客汗明去见楚相春申君黄歇（公元前262年），苦等了三个月，总算见到面。两人谈了一阵话，春申君很欣赏他。汗明想再谈下去，春申君却说：

"我已经了解先生，先生大可休息了！"

汗明恭恭敬敬地说：

"我想请教阁下一句话，又怕太浅陋了见笑！不知阁下和尧相比，谁来得圣明？"

"先生问得太过分了，我哪配和尧相比呢？"春申君回答。

"那么在阁下看来，我可以和舜相比吗？"汗明问。

"先生就是舜啊！"春申君回答。

"不对的！"汗明说：

"请让我为阁下说明一下：阁下的贤明实在不如尧，我的才能也不及舜。凭贤能的舜去侍奉圣明的尧，三年后才被赏识。现在阁下凭着一席话就了解我，这样就是阁下比尧圣明，而我比舜贤能了。"

"这话有道理。"春申君说。

春申君就叫门吏把汗先生的名字写在宾客簿上，注明每五天接见一次。

某次，汗明又对春申君说：

"阁下听过千里马的故事吗？那千里马到了可以驾车的年龄

了,接着满载盐巴的车登上太行山,四只蹄子张得开开的,屈着膝盖,垂着尾巴,胸口一起一伏的,盐汁洒满地,累得满身大汗,勉强拉到半山腰就倒退下来,努力驾着车辕就是拉不上山。幸而有伯乐路过,遇见了它,把它解下车来,攀着它哭,脱下细麻衣盖在它身上。千里马于是低下头鼓动着鼻子喷气,仰起头来嘶鸣,像金石般嘹亮的声音上达天庭。为什么会这样呢?因为千里马认为伯乐是它的知己啊!现在敝人没什么才干,困厄在州间行伍间,居处于闭塞的贫民窟里,沦落在卑贱的人群中,为时已经很久了。阁下难道无意替我洗掉污浊,去除噩运,让我为阁下高鸣几声吗?"

火中取栗（赵策一：秦王谓公子他）

秦昭王对公子他说：

"前年殽之战时,韩国充当中军,与诸侯合力攻秦。韩国跟秦交界,方圆不过千里,却辗转反复,不愿订立盟约。前日当秦、楚蓝田之战时,韩国一度派精兵支援秦国,但一见秦军失利,就转而帮助楚国。可见这个国家根本不固守盟约,只要对己有利就干。韩国可真是我的心腹之患,我打算讨伐它,怎么样呢？"

公子说：

"大王如果全力出兵攻韩,韩国必然恐惧,一恐惧,我们就可以不战而多割取土地。"

秦昭王认为有道理,于是分兵两路大举伐韩（公元前263年）,一路逼临荥阳,一路迫近太行山。韩国果然朝野震惊,立刻派阳城

· 165 ·

战国策：隽永的说辞

君到秦国谢罪，请求奉送上党之地来谈和。一方面韩国又派公子韩阳去通知上党太守靳黈(tǒu)，要他准备把上党拱手让与秦国。靳黈却说：

"常言道：'拿着瓶子打水的小人物，也懂得不要丢失负责看管的水瓶。'虽然是君王交付下的命令，要是我丧失了上党，君王和公子还是会怪我的。请让我动员上党军民来应付秦国，假如不能成功，甘愿以身殉职。"

公子韩阳赶紧回去报告韩桓惠王，桓惠王懊恼地说：

"我已答应秦相应侯（范睢）了，要是不给的话，就等于欺骗他。"

于是韩桓惠王就派冯亭去接替靳黈的上党太守职位（公元前262年）。

冯亭上任三十天后，却偷偷派人请求赵孝成王说：

"韩国不能守上党，将割让给秦国，但是当地人民都不愿被秦统治，而愿归顺赵国。现在上党有城市之邑七十，愿意全部奉献给大王，只等大王裁决。"

赵孝成王很高兴，跟平阳君赵豹谈起这件事，并问他该怎么办。平阳君赵豹却说：

"圣人认为无缘无故而得利，必然会招来惨祸。"

"人家是仰慕我的德义，怎么说没缘故呢！"孝成王说。

赵豹回答说：

"秦国蚕食韩国的土地，有意切断上党跟韩国的联络，早就认为可以轻易割取上党了。况且韩国之所以要把上党送给我国，只是企图把战祸转嫁给我。秦国打得那么辛苦，赵国却想坐享其利。既然强大的秦国不能从弱小的韩国得到上党，那弱小的赵国又怎能从强大的秦国得到上党？现在大王接受上党，可以说有什么缘故呢？秦国农村富庶，粮运畅通，善战的敢死之士都有肥沃的封地，加上法令严格，政治清平，像这样的国家，我们绝对不可和他们交战。但愿大王慎重考虑！"

赵孝成王勃然大怒说：

"用百万大军攻战，经年累月也不得一城，现在不用兵而得七十座城池，为什么要放弃呢？"

赵豹回去后，赵孝成王又召见赵胜和赵禹，告诉他们说：

"韩国不能守上党。现在上党太守把它献给寡人，总共有七十座城池。"

赵胜等两人都回答说：

"即使用兵超过一年，也看不见一城，现在安坐而得七十城，这真是大吉大利的事。"

于是赵王就派赵胜前往上党接受土地（公元前262年）。赵胜到了上党以后，布达命令说：

"我们赵国君王愿意用三万户的大城封太守，其他县令各封千户，所有官吏都进爵三级，人民能和睦安居的每户赏赐六金。"

冯亭流着泪垂着头说：

"这样我就做了三重不义的事了。为君主守地而不能殉职，反而把土地送给他人，这是第一件不义；君主已把土地献给秦国，我却不肯顺从，这是第二件不义；出卖君主的土地而坐享其利，这将是第三件不义。"

冯亭辞绝赵国的封地，回到韩国，向桓惠王报告说：

"赵国知道韩不能守上党，如今已派兵夺取了。"

韩王赶紧派使臣通知秦国说：

"赵国已经派兵攻占上党。"

秦昭王被撩得大怒,立刻派公孙起和王齮为将,率军跟赵国大战于长平(公元前261年)。

决蹯(fán)全躯 (赵策三:魏魀谓建信君)

辩士魏魀(gà)对赵国佞臣建信君说:

"有一个人用绳子做个圈套,套住了一只老虎,可是老虎凶性大作,挣断脚蹄跑掉了。老虎并不是不爱它的脚蹄,但是却不愿为了一寸大小的脚蹄而葬送整个七尺长的身躯,这就是权衡轻重后所采取的断然措施。治理国家也是同样道理。不过,国家并不仅是一只七尺长的老虎啊!从君王的立场来看,阁下的身体,还不如老虎那一寸大小的脚蹄。希望阁下好好地打算打算。"

制媾(gòu)在秦 (赵策三:秦赵战于长平)

秦、赵两国战于长平,赵军战败,损失一名都尉(公元前260年)。赵孝成王召见重臣楼昌和上卿虞卿说:

"我想派敢死队偷袭秦国,两位有什么意见?"

"这样做没什么用,不如派大臣为使节和秦讲和。"楼昌建议。

"主张讲和的人,认为不讲和我军就会败北,就好像讲和的关键全操在秦国手中。大王认为秦国是想打垮我们呢？还是不想呢？"虞卿说。

"秦兵毫无保留地攻击，当然想打垮我们。"孝成王说。

"恳请大王采纳我的意见，派使臣携带珍宝去亲近楚、魏。楚、魏两国想得到大王的珍宝，必然会接纳我们的使臣。赵国使臣一旦进入楚、魏，秦国一定会怀疑天下诸侯在搞合纵，秦国必然会恐慌。这样跟秦国的和谈才能顺利进行。"虞卿说。

但是赵孝成王不采纳虞卿的建议，反而派平阳君赵豹赴秦军议和，并派遣郑朱前往秦国交涉（公元前260年）。当秦国准许郑朱入境以后，赵孝成王才召见虞卿说：

"和谈已在进行了，您认为如何呢？"

"大王的和谈必然无法达成，赵军也必然覆败。"虞卿说，"不久天下诸侯的贺胜使节都将集中在秦国了。郑朱是赵国的贵人，如他到秦国去，秦昭王跟应侯（秦相范雎）必然隆重待他，好向诸侯夸耀。这样一来，楚、魏认为赵秦已在和谈，必然不再派兵来救赵，秦国知道天下诸侯不救赵，就不会跟我们和谈了。"

赵国果然不能与秦达成和议，赵军又被打得大败。后来赵孝成王只好亲自入秦朝贡，被秦扣留，才达成和议。

王亦过矣（赵策三：魏使人因平原君请从于赵）

魏国派人到赵国（公元前254年），想透过平原君赵胜的游说，和赵国缔结合纵之盟。经过平原君三番两次游说，赵孝成王还是不乐意。当平原君退出时，遇到虞卿，叮咛说：

"如果入宫，要劝君王加入合纵之盟啊！"

虞卿入得宫来，孝成王就告诉他说：

"刚刚平原君帮魏国来请求合纵，寡人根本不听。您对这件事的看法如何？"

"魏国错了！"虞卿回答。

"是呀！所以寡人不听。"孝成王说。

"大王也错了！"虞卿又说。

"什么？"孝成王问。

虞卿说：

"凡是强国和弱国打交道，强国都坐享其利，弱国都遭受其害。现在魏国来请求合纵而大王不肯参加，这就等于魏国自求其害而大王辞掉利益，所以我才说魏国错了，而大王也错了。"

伏事辞行（赵策四：楼缓将使伏事辞行）

楼缓将出使他国，心里却藏着隐秘之事。辞行时他对赵惠文王说：

"我虽然竭尽才智，也许此生不能再拜见大王了！"

赵惠文王说：

"这是什么话呢？我本来就要写封亲笔信厚托贤卿去办事哪！不用担忧，出去会很顺利的。"

楼缓说：

"大王没听说过公子牟夷在宋国的遭遇吗?公子牟夷本是个具有高贵身份的人。后来文张在宋国受到宠遇,中伤公子牟夷,宋国人也就信以为真。现在我跟大王的关系,还不如公子牟夷跟宋的关系,而讨厌我的又远超过文张,所以说我今生不能再拜见大王了。"

"您尽管放心去吧!我保证绝不听信毁谤贤卿的谗言。"

楼缓于是才出使他国。不久楼缓在中牟造反,而后逃往魏国。当楼缓刚有反叛的迹象时,就有谍报人员向赵惠文王进言。赵惠文王却不采信,说道:

"我已经和楼缓谈过这问题了。"

物伤其类(赵策四:秦攻魏取宁邑)

秦攻打魏国,占领了宁邑(公元前257年),诸侯都派使节去祝贺。赵孝成王也派使节去道贺,却往返三次都不能见到秦昭王。赵孝成王为此而忧虑,对左右侍臣说:

"凭秦国的强盛,占领宁邑以后就可控制齐、赵。如今天下诸侯都去贺喜,我连派使节前往,却见不到秦昭王。这一定是秦昭王想对我用兵。该怎么办才好呢?"

左右侍臣说:

"连续三次都见不到秦昭王,一定是使臣的人选不对。有一位辩士叫作谅毅,大王可以派他去试试。"

谅毅被赵孝成王召见后,就受命前往秦国。他到了秦国,先

战国策：隽永的说辞

上书给秦昭王说：

"大王扩充版图到宁邑，天下诸侯都来祝贺。敝国君王也私下为大王庆幸，不敢不表示表示，才派特使捧着贡礼，三度到大王朝廷来，却不能拜见大王。假如使臣没有罪，请别拒绝受拜贺的欢乐吧！假如使臣有罪，就请大王明示。"

秦昭王派人答复谅毅说：

"我要求赵国的事，如果不论大小都能照办，那我就收下国书和贡礼。假如不能接受我的要求，就请使者回去。"

谅毅回答说：

"微臣来秦国祝贺，本就是要来秉承大王的意旨办事的，怎么敢有所违逆呢？只要大王有诏命下来，就会照着办理，不敢稍有怠慢。"

于是秦昭王接见了赵国特使谅毅。

"赵豹和平原君（赵胜）屡次轻视戏弄寡人，赵孝成王能杀这两人就算了。假如不肯杀，寡人立刻率令诸侯联军兵临邯郸城下。"秦昭王对赵使口出狂言。

谅毅回答说：

"赵豹和平原君都是我君王的同母兄弟，就像大王有叶阳君和泾阳君一样。大王以孝友治国，名闻天下，遇到合身的好衣服和合口味的好食物，没有不分给叶阳君和泾阳君享用的，叶阳君和泾阳君的车马衣服，几乎都跟大王的相同。我听说：'要是倾覆了鸟巢，毁坏了鸟蛋，凤凰就不会飞来；要是解剖了兽胎，焚烧了小兽，麒麟就不会跑来。'现在要是接受大王的命令而回报敝国，敝国君王畏惧大王的声威，绝对不敢不遵从。不过，这样岂不是要伤了叶阳君和泾阳君的心吗？"

"好吧！那就不许他们掌握朝政。"秦昭王说。

谅毅说：

"敝国君有同母弟而不能教诲，以致得罪了大国，我将恳求敝国君王罢黜他们，不再让他们参与政事，以便满足大王的要求。"

秦昭王听了很高兴，便收下赵国的国书和贡礼，而且很优待谅毅。

交浅言深（赵策四：冯忌请见赵王）

说客冯忌请求觐见赵孝成王，左右侍臣替他安排了时间，但冯忌见到孝成王时，反而拱手低头，想要说话又不敢说。孝成王问他是什么原因，他回答说：

"我曾介绍一个人去拜见服子，过后服子却数落我说：'阁下的客人有三大错：对着我发笑，这是轻浮；谈话时不称扬老师，这是背叛老师；交情浅短，却和我深谈，这是说话没分寸。'我却反驳他说：'话不能这样说。对人发笑，可见他的态度很和蔼；谈话时没称扬老师，这是常有的现象；交情浅短而谈得很深刻，这是尽心的表现。'古时尧在荒野接见舜，就坐在有桑荫的田地上谈话，等桑树阴影转移了，尧也就把天下交给舜。伊尹扛着锅鼎砧板去游说商汤，还没等他成名就被任命为三公。假如交情浅短就不可以深谈，尧就不会把天下传给舜，伊尹也得不到三公的官爵了。"

赵孝成王说：

"说得很有道理。"

"我这交情浅短的外人,想要跟大王深谈,可以吗?"冯忌接着问。

"请先生多多指教吧!"孝成王诚恳地说。

于是冯忌才开怀畅谈起来。

贵而惨死（赵策三:平原君谓平阳君）

平原君赵胜对弟弟平阳君赵豹说:

"魏公子牟到秦国游览过一阵子。当他要返回东方时,去向秦相应侯辞行,应侯对他说:'公子就要走了,难道没什么好指教的吗?'魏牟回答说:'即使阁下不问我,我本来也将向阁下进一点忠言的:地位尊贵了,即使不期望财富,财富也会送来;有了财富,即使不期望美味,美味也会送来;有了美味,即使不想骄奢,骄奢也会惹身;一旦骄奢了,即使不愿意惨死,也难逃避。翻开历史来看看,身遭这种惨祸的太多了。'应侯恭敬地答谢道:'公子用这些话来指点我,太厚爱了。'我很幸运听到这些,就牢记在心里。希望弟弟也别忘了。"

"我一定牢记住哥哥的话。"平阳君说。

郎中为冠（赵策三：建信君贵于赵）

建信君凭着姿色贵宠于赵国。

公子魏牟路过赵国时，赵孝成王接待他。那时孝成王座位前摆一块尺来长的丝锦，正准备叫工人制一顶王冠，那工人看到有贵客来，暂时避开。魏牟答礼致意后，边走边看着丝锦，退回到自己的座位。孝成王就向他说：

"公子的大驾路过敝国，寡人才很荣幸能够接待公子。寡人很想听听公子对治理天下的高见。"

"大王能够重视国家，就像大王重视这块丝锦一般，那大王的国家就很安泰了。"

赵孝成王听了很不高兴，绷着脸说：

"先王不知道寡人不肖，使寡人继承君位，哪敢这样轻忽国家呢？"

"大王别生气，请听我仔细说明一下。"魏牟继续说，"大王有这么一尺好丝锦，为什么不叫宿卫的郎中来制王冠呢？"

"郎中不懂得做王冠。"孝成王说。

魏牟说：

"那有什么关系呢？王冠做不好，对大王的国家又有什么亏损？可是大王一定要等帽工，才叫他制作。现在大王聘来治理天下的工人，反而被冷冻不用，这就怪了。社稷快变成废墟，先王的祭祀也将断绝，大王不交给工人来修理，竟然交给姿色美好的人。况且大王的先帝,驾驭着犀首(公孙衍)和马服君(赵奢)同秦国角逐竞争,那时秦国都能抵挡住他们的锋芒。如今大王驾着建信君到处瞎撞,想跟强秦竞争,我怕秦国就要拆散大王的车厢啦!"

买马待工(赵策四:客见赵王)

有位外宾觐见赵孝成王说:

"我听说大王想派人去买千里马,有这回事吗?"

"有的。"赵孝成王回答。

"为什么到现在还没派遣呢?"

"还没找到相马的专家。"孝成王回答。

"大王怎么不派建信君呢?"外宾又问。

"建信君政务缠身,又不懂得相马。"孝成王回答。

"大王为什么不派纪姬去呢?"外宾又问。

"纪姬是位妇人道家,更不懂得相马。"孝成王回答。

这位外宾又问:

"买马买到好的,对国家有什么帮助?"

"对国家没什么帮助。"孝成王回答。

"买马买到坏的,对国家有什么危害?"

"对国家也没什么危害。"

外宾又说:

"既然买马不管买到好的或坏的,对国家都没什么利害关系,可是大王一定要找专家才肯买。如今大王治理天下，一旦措施失当，国家就将变成废墟，宗庙也将断绝祭祀，可是大王不找治国专家，偏偏把政权交给建信君，又是什么道理呢？"

赵孝成王还没来得及回答，这位外宾又说：

"郭偃所著的施政纲要，有所谓的'桑雍'，大王知道吗？"

"没听说过。"孝成王回答。

"所谓'桑雍'，就是桑中有蠹虫，被蛀得树汁涌流，像长了脓疮一样。君王身边的宠臣以及特别宠爱的夫人、侍妾、美人，这些人就像蛀虫，都能趁着君王昏醉的时候向君王要求他们所希望的东西。这些人既然在宫廷里为所欲为，大臣们就会在朝廷外违法乱纪，像溃烂的脓疮一样。所以说日月的光辉黯淡亏损，都是因为内部有了啃啮的蛀虫，即使小心防范所憎恨的人，可是灾祸从所爱的人身上滋生。"

疡(B)人怜王（楚策四：客说春申君）

有位食客向春申君黄歇说：

"商汤以亳为根据地，周武王以镐为根据地，都不过是百里方圆，却能王天下。现在荀子是天下的贤人，阁下却给他兰陵一百里地，我认为对于阁下很不利。阁下以为如何呢？"

春申君糊里糊涂地说：

"你的话很有道理。"

于是春申君就派人辞绝荀卿（公元前 255 年）。

荀卿离开楚国,就到赵国去,赵孝成王尊他为上卿(公元前254年)。

有位食客又对春申君说:

"古时伊尹离开夏到殷,殷就兴起而夏灭亡。管仲离开鲁国到齐国,鲁国就削弱而齐国富强。可见贤人所在之处,国君没有不受到尊重,国家没有不很快强盛的。现在荀子是天下的贤人,阁下为什么辞绝他呢?"

春申君清醒了,谨慎地说:

"我要请他回来。"

于是春申君立刻派人到赵国请荀卿(公元前254年)。

荀卿写了一封信婉谢说:

"'连麻风病人也哀怜国王。'这是一句很不恭敬的话,但是不可以不探究此话的深刻含义。这是针对一般被臣子杀死的国君而说的呀!年幼的君王,往往仗恃自己的才干,却没有法察觉奸邪的人,于是大臣就可以专断国政和私事,以阻止他人的诛讨。废黜年长贤明的君主而拥立昏庸弱小的,废黜嫡生的长子而拥立不合法的,原来都是奸臣为了一己的方便哪!《春秋》一书曾警戒说:'楚王子围,到邻国去访问,还没走出境,一听说楚王陕敖生病,马上折回去探问,却乘机用帽带把楚王勒死,而自立为王(灵王)。齐国崔杼的夫人长得很妖艳,齐庄公和她私通,崔杼就率领家臣攻打庄公。庄公被围困后,请求和崔杼共分齐国,崔杼不答应,庄公又请求回到祖庙里去自杀,崔杼也不答应。庄公只好翻墙逃跑,却被乱箭射中大腿,崔杼就把庄公杀了,另立庄公的弟弟景公继位。'"

"近代所看到的:李兑在赵国专擅朝政,结果主父(赵武灵王退位后的称号）被围困在沙丘饿肚子，饿了一百天终于饿死了。淖齿专擅齐国朝政，抽了齐闵王的筋，然后把闵王挂在庙梁上，隔了一夜，闵王就被吊死了。"

"那麻风病人虽然满身都肿起脓包，但比起古代，还不至于像被用帽带勒死、用乱箭射腿那么痛苦。比起近代，还不至于像被抽筋、被饿死那么凄惨。那些被臣子杀害的君主，心神所受的忧劳和形体所受的痛苦，一定比染麻风病的人还要厉害。由此看来，麻风病人即使哀怜国王，也不算过分呀！"

"我曾作了这样的一首赋：
　　珍宝和随侯的明珠不知道挂佩，
　　王后的礼服和丝衣不知道差异，
　　闾姝和子奢般的美女没人做媒，
　　奇丑的嫫母一来撒娇就很欢喜。
　　以瞎子为眼明，以聋子为耳聪，
　　以是为非，以吉为凶。
　　唉！天呀！怎么全天下都相同？

"诗上说得好：'上天是那样的神明，不要惹了他，自取病痛呀！'"

奇货可居（秦策五：濮阳人吕不韦贾于邯郸）

卫都濮阳人吕不韦在赵都邯郸经商，遇见秦国人质孝文王的庶子异人，赶回家对父亲说：

"耕田的利润有几倍？"

"十倍。"他的父亲回答。

"贩卖珠玉的利润有几倍？"

"一百倍。"

"立国家的君主，利润有几倍？"

"没法算。"

于是吕不韦就说：

"现在我们辛苦耕田，仍然不能温饱。如果能建立国家，扶立国君，却可以把利润传给后代子孙。秦王庶子异人在赵国做人质。困居邯郸，很不得意。我想去侍奉他，可以吗？"

吕不韦于是去见异人，说道：

"你的异母兄子傒有继承王位的资格，又有母亲在宫中撑腰。现在你既没有母亲在宫中撑腰，又寄居在变化难测的敌国，一旦秦、赵两国背弃了盟约，你将化为一堆粪土。现在你如果听从我的计划，设法回到你的祖国，就可以继承王位。我替你到秦国去活动，秦国必定派人来请你回去的。"

吕不韦到了秦国，就向王后华阳夫人的弟弟阳泉君说：

"阁下犯了死罪，阁下知道吗？阁下的食客都身居高位，太子的门下反而没有显贵的。阁下的府库又珍藏大量珠宝，阁下的骏马拴满了马房，后宫更住满了美女。当今君王的年纪已大，一旦崩逝，太子即位以后，那阁下的命运比那堆高的蛋还要危险，生命比那朝生暮死的蜉蝣还要短。我有一席话，阁下相机行事，不但能使阁下富贵，还能使阁下乐享天年，像泰山四面压住一般安宁，绝对没有危亡的忧患。"

阳泉君赶紧站起身来，请教吕不韦。吕不韦继续说道：

奇货可居

"君王的年纪已经很大了,王后没有儿子,子傒才有继承王位的资格,又由士仓辅佐他,君王一旦崩逝,子傒即位,士仓擅权,那么王后的门庭必然会冷落得生蓬蒿长野草。王子异人,是贤能的人才,被丢在赵国当人质,国内又没有亲生母亲撑腰,常常伸着脖子西望,很想能回国一趟。假如王后能请君王立异人为太子,那么异人本来无国的变成了有国,王后本来无子的也变成有子了。"

阳泉君听了,颇以为然,赶紧入宫说服王后。王后想见见异人,就要求赵孝成王将异人送回秦国。

赵国还没打算放异人回去,吕不韦又去对赵王说:

"异人,是秦孝文王宠爱的王子,在朝中已没有亲生母亲,因此王后想认他为子。假如秦国想屠灭赵国,也不会因为顾虑到一个王子留在赵国而延缓计划的。这样赵国只不过是拥有一个空的抵押品罢了。假如赵国很有礼貌地送异人回国继承王位,异人绝不会忘记赵国施与的恩惠,一定会主动和赵国结盟的。秦孝文王已经老了,一旦死了以后,赵国即使有王子异人为抵押,也无法和秦国结盟。"

赵国接受吕不韦的建议,隆重地把异人送回秦国去。异人到了秦国,吕不韦叫他穿着楚国的衣服去拜见王后。王后看到他的样子很高兴,一再夸奖他的聪明。

"我也是楚国人呀!"王后笑呵呵地说,立刻认异人为子,替他改名为"子楚"。

孝文王叫子楚背诵一段经书听听,子楚坦率报告道:

"儿从小就被送到他国当人质,没有老师教儿读书,所以不会背诵经书。"

秦孝文王听了,就不叫他背,还把他留在身边。

战国策：隽永的说辞

后来子楚找了一个机会，向孝文王建议道：

"君王以前曾经在赵国停留过，赵国豪杰都仰慕君王的大名。现在君王回国了，他们都向西瞻仰巴望。君王要是不派个特使去问候他们，恐怕他们都有怨恨的心理。可要下令边境的关口早闭晚开呀！"

孝文王认为子楚说得有道理，计谋很奇特。

王后趁机劝孝成王立子楚为太子。于是孝文王就召见相国，吩咐道：

"寡人其他的儿子都不如子楚，我要立他为太子。"

子楚继承秦国王位以后（公元前250年），任命吕不韦为相国，又封为"文信侯"，以蓝田十二县的收入为俸禄，同时敬奉王后为华阳太后，通知天下诸侯都来秦国向太后献城祝寿。

椎解连环（齐策六：齐闵王之遇杀）

齐闵王被弑以后，太子法章隐姓埋名逃往莒城，在太史家中当佣工。太史敫(jiǎo)的女儿觉得法章的形貌很奇特，认为不是普通人，因而萌生爱意，经常暗中多给他些衣食，不久也就私订了终身大事。后来逃亡到莒城的齐国卿大夫们，想要立新王，就到处寻访太子，法章终于挺身表明身份，被立为齐王。襄王即位，册立太史氏的女儿为王后，不久生下王子建。太史敫却对自己的女儿非常生气，骂道：

"你没经过媒人的撮合就出嫁，根本不是我的女儿。你把我的一生都玷辱了！"

椎解连环

女儿当了王后,太史敫却终生不和她来往。不过这位君王后很贤惠,并不因为父亲不承认自己是女儿而失去人子应尽的孝道。

齐襄王死后(公元前265年),王子建继立为齐王,由君王后垂帘听政。她对秦国非常恭谨,跟其他诸侯来往也很诚信,所以齐王建即位后十多年间,没遭到外敌的侵扰。

秦昭王曾派使臣到齐国赠送给君王后一副玉连环,并且试探她,说道:

"齐国多智谋之士,能不能解开这智慧之环呢?"

当时君王后把玉连环拿给君臣看了看,竟然没有一个人知道解法。于是君王后当场拿起椎子,把玉连环砸碎了,向秦国使臣说:

"我已经解开了。"

当君王后病重时,告诉齐王建说:

"在群臣中可用的是某人。"

"请写出来吧!"齐王建说。

"好的。"君王后说。

等左右拿来纸笔要记,君王后却不高兴地说:

"老妇已忘了!"

君王后死后(公元前249年),田后胜出任齐国宰相。他经常接受秦国间谍的贿赂,并派很多宾客到秦国。那些宾客在秦国都不理齐王建交付的使命,并且劝齐王建去朝见秦襄王。从此齐国就疏于国防战备了。

战国策：隽永的说辞

父攻子守（魏策四：魏攻管而不下）

魏军攻打秦国的管（公元前247年），没法攻打下来。信陵君探知安陵人缩高的儿子担任管城的军事首长，就派人去向安陵君说：

"请阁下派遣缩高来管城，我将任用他为五大夫，派他当持节尉。"

可是安陵君向使者说：

"安陵是个小国，不能随意支配人民，使者可以自己去找他，我只能派向导领路。"

信陵君的使者来到缩高家，传达了信陵君的命令。缩高却说：

"信陵君之所以要重用我缩高，是想利用我去攻打管城。做父亲的去攻打儿子所守的城，天下人会大笑的。假如做儿子的看到父亲就投降，这是背叛君主的。做父亲的却教儿子背叛君主，这也不是信陵君所喜欢的，因此我才胆敢再拜辞谢。"

使者回去复命以后，信陵君大发脾气，又派遣特使去威胁安陵君说：

"安陵的土地，也像是魏国的。假如今天我攻不下管城，那么秦兵就会来攻打我魏国，那时国家必将陷入危险之境。希望阁下能生擒缩高交给我。假如阁下不把缩高交来，我将派十万大军来重修安陵城。"

安陵君却回敬道：

"我先君成侯，受襄王的诏令而守此地，当时亲手接受大府的宪章，宪章的上篇说：'子杀其父，臣弑其君，依常法诛杀不赦免。国家即使实行大赦，以城投降及弃城逃亡的臣子，不在特赦之列。'现在缩高谨慎地辞掉阁下给予的重要官职，目的是维持父子之间的伦常关系，而阁下却说'一定要生擒交来'，这就等于是让我违背了襄王的诏令，并且废弃了大府的宪章。我死也不敢做这种事儿。"

缩高听到了这个消息，就跟朋友说：

"信陵君的为人，强悍而刚愎自用，安陵君这一番话被传回去，必然造成我国家的灾祸。我虽然已保全了自己，却丧失了为人臣的义理，我怎么可以使国君遭受到魏国的侵略呢？"

缩高就到信陵君所派特使的宾馆，抹脖子自杀死了。

信陵君听到缩高自杀而死的消息，穿上白色的丧服，恭恭敬敬地为他服丧，又派使者向安陵君谢罪说：

"我魏无忌是个小人，因为在思虑上受到了挫折，以致对阁下失言，我诚恳地向阁下再拜请求原谅。"

惊弓之鸟（楚策四：天下合纵）

天下诸侯再度缔结合纵之盟抵抗强秦，赵国派魏加去见楚相春申君黄歇说（公元前241年）：

"阁下有带兵的大将吗？"

"有了，我想派临武君为统帅。"春申君说。

"我少年时喜欢射箭,我就拿射箭来打个比方好吗?"魏加问。

"好呀!"春申君说。

魏加说:

"有一天,魏臣更羸和魏憨王坐在高台下面仰首看飞鸟。更羸对魏王说:'我只要虚拨一下弓弦,就能够把鸟射下来。'魏憨王怀疑地问:'难道射箭术能达到这样神妙的地步吗?'更羸说:'可以的。'过了一会儿,有一只大雁从东方飞来,更羸只虚拨了一下弓弦,发出一阵嗡嗡的弦音,大雁就应声掉下来。魏憨王看得傻了眼,大大赞叹道:'你的射箭术真的神妙到这种地步吗?'更羸说:'这只雁有隐痛在身。'魏王问:'先生怎么知道呢?'更羸回答:'因为它飞得很缓慢,叫的声音又悲切。飞得缓慢,是因为它的旧伤口在痛;叫得悲切,是因为它长久离开雁群。旧伤还没有好,惊惧的心还没有消失,一听到弓弦的声音就吓得拼命高飞,以致旧伤口破裂,才痛得掉下来。'

"现在的临武君以前曾被秦军打垮,患有'恐秦症',不可以派他担任抗秦的统帅。"

良商司时(赵策三:希写见建信君)

赵人希写拜见赵国佞臣建信君,建信君对他发牢骚说:

"秦相文信侯(吕不韦)对我太无礼了。当秦国派人来我们赵国做官时,我还任用他们为丞相的官职,授予五大夫的爵位呢!文信侯对我,真可说太没礼貌了。"

"我认为当今掌权的要员,还不如商人。"希写说。

建信君听了这话,勃然大怒道:

"你看不起掌权的要员,反而敬重营利的商人吗?"

"不是!不是!"希写回答,"一个好商人不和人讨价还价,只在那里静待时机,物价下跌了就进货,物价上涨了才抛售。古时周文王被囚禁在羑里,周武王也被囚禁在玉门,终能砍下纣王的头而悬挂在太白旗杆上,这就是静候良机的效果。如今阁下不能在权力上和文信侯相抗,却责备文信侯对阁下没有礼貌,我认为不大妥当。"

少年老成（秦策五：文信侯欲攻赵以广河间）

文信侯（吕不韦）很不高兴。少庶子（家臣）甘罗问道:

"君侯为什么那样不高兴呢?"

"刚刚碰了壁!"吕不韦说,"我派刚成君蔡泽臣事燕国（公元前241年）,过了三年,燕国才把太子（丹）送进秦国来当人质（公元前239年）。刚刚我亲自请张唐到燕国去当宰相,他竟然不肯去。"

"我可以叫他去。"甘罗说。

"去你的!"吕不韦呵斥道,"我亲自请他去他都不肯,你又怎么能叫他去?"

"春秋时代的项橐(tuó),七岁的时候就当孔子的老师。我现在已经十二岁了,您应该先派我去试试看,为什么立刻就呵斥呢?"

甘罗说。

甘罗跑去见张唐，说道：

"阁下的功劳比起武安君（白起）哪个大？"

"武安君战胜敌人、攻取土地，无法计数，攻打城池、占领县邑，无法计数，我的功劳当然比不上他。"张唐回答。

"阁下确实知道功劳不如武安君吗？"甘罗追问。

"确实知道啊！"张唐回答。

"应侯（范雎）见用于秦，比起文信侯，哪个专权？"

"应侯不如文信侯的专权。"张唐回答。

"阁下确实知道是不如文信侯专权吗？"

"确实知道啊！"张唐回答。

"当年应侯想攻打赵国，武安君阻挡他，结果在离都城（咸阳）七里的杜邮被绞杀。现在文信侯亲自请您去当燕国宰相，您竟然敢不去，我不知道您将死在什么地方。"甘罗急切地数落着。

"我的好少年，赶快帮老朽安排吧！我愿意去燕国。"张唐赶紧拜托。

于是吕不韦就传令准备车马货币，为张唐壮行。一切处理停当，出发的日子也决定了，甘罗向文信侯说：

"请借给我五辆兵车，让我先到赵国，替张唐说些好话。"

于是甘罗就去见赵悼襄王。赵悼襄王听说秦国特使来了，赶紧到郊外迎接，一看却是个孩子，大大失望。甘罗毫不在意，昂起头来问道：

"大王听说过燕太子丹到秦国做人质的事吗？"

"听到了。"赵悼襄王回答。

"大王听说过张唐要到燕国当宰相吗？"甘罗又问。

"听到了。"赵悼襄王回应着。

甘罗接着说：

"燕太子丹到秦国做人质，就表示燕国不敢欺骗秦国，张唐出任燕国宰相，是表明秦国不敢欺骗燕国。秦、燕两国不相欺，就会联手攻打赵国，到那时赵国就危险了。秦之所以向燕国表示不互相欺诈，其实只为了攻打赵国，借此来扩充河间的地盘罢了。现在大王要是割五个城给我，借以扩大秦国河间的领土，那么我可以请秦王把燕太子送回燕国，回头再帮助强大的赵国去攻打衰弱的燕。"

赵悼襄王立刻为十二岁的甘罗割让五个城池给秦国。不久秦国果然遣回燕太子，赵国便乘机发兵燕，占领了燕国上谷三十六县，把其中十分之一的土地转送给秦国。

威掩于母（秦策四：秦王欲见顿弱）

秦王政想见处士顿弱（公元前238年）。顿弱说：

"我有一个怪癖，就是见帝王时不下拜。假如大王不勉强我下拜，还可以见见，否则拒绝觐见。"

秦王接受了这个条件，顿弱才入宫觐见，说道：

"大王您可知道吗？天下有一种有实而无名的人，也有一种无实而有名的人，更有一种既无名也无实的人。"

"我不知道你说什么。"秦王政说。

"有实而无名的人是商人，他们虽没有下田耕耘的劳苦，却有满仓的粮食，这叫作'有实而无名'。无实而有名的人是农夫，他们春天在寒风中耕作,夏天在艳阳下锄草,却没有积存的米粮,这叫作'无实而有名'。既无实又无名的人就是大王呀!虽然已经被立为万乘之尊,却没有孝之名,虽然拥有千里广大领土可奉养母后,却没有孝之实。"顿弱慢条斯理地说。

秦王政听得勃然大怒,正待发作,顿弱却继续说:

"山东大国有六,大王威权不能袭取他们,却先发作于母后,我私下认为大王太不应该了。"

"山东六国可以吞并吗?"秦王政急着问。

"韩国是天下的咽喉,魏国是天下的胸腹。大王给我万金去游说,就能够叫韩、魏两国的将相归顺秦国,如此就等于征服了韩、魏。征服了韩、魏,就可以计划统一天下了。"顿弱说。

"国家正在闹经济恐慌,怕拿不出万金来。"秦王政说。

"天下不曾有过太平的,不是合纵就是连横。连横之策一旦成功,秦国就称帝于天下,合纵之约一旦成功,楚国就称霸于天下。秦称帝以后,就富有天下,要是楚称霸,大王即使拥有万金,也不得私自享用,到时候只好充当军费了。"顿弱说。

秦王政被说动了,就拨万金给顿弱,派他东游韩、魏,诱惑他们的将相归顺秦国,又北游燕、赵,把赵将李牧害死了。后来燕、赵、韩、魏四国都听从秦的号令,连齐王建也入朝于秦。这都是顿弱游说的成果。

无妄之祸（楚策四：楚考烈王无子）

楚考烈王没有儿子，宰相春申君黄歇为此而着急，征召很多命中注定生男的女子给考烈王，还是生不出儿子。这时赵国人李园认为自己的妹妹是绝色美人，想把她献给楚考烈王。李园带着妹妹来到楚国，才听说楚考烈王不能生子。他恐怕得不到楚考烈王的宠信，于是先去投靠春申君，当一名食客。

过了些时候，李园向春申君请假回家，故意超过时间才回来销假。春申君问他为什么在家里待那么久，李园回答说：

"齐王建派人来向舍妹求婚，我和使者多喝几杯，才耽误了时间。"

"已经下聘了吗？"春申君问。

"还没。"李园说。

"可以让我见一下舍妹吗？"春申君动了心。

"没问题的。"李园回答。

于是李园就把妹妹献给春申君（公元前247年），很快得到春申君的宠爱。当李园知道妹妹已怀孕时，就和她设下了一套阴谋。

李园妹找个枕边最恰当的时机向春申君说：

"楚考烈王宠信您，远超过自己的兄弟。您当楚国宰相虽已二十几年，但别忘了楚考烈王还没儿子呀！楚王驾崩后，势必由他的兄弟即位。楚考烈王既换了新人，必然重用自己的亲人，您又怎能长久受到宠信呢？不只是这样哪！您专权太久了，有很多地方得罪了君王的兄弟，他们如果继立为王，那灾祸就会降临到您身上，又如何能保有相印和江东的封地呢？现在我已怀孕，人家却不知道。我被您宠爱还不算久，假如凭您高贵的身份把我进献给楚王，楚考烈王必定会宠幸我的，要是我能得到上天的保佑而生个男孩，那就是您的儿子要当楚王了，楚国的封土都将成为您的。这样子做，比起身临不测之罪，哪一样好呢？"

春申君认为这番话很有道理，就把李园妹送出去，让她住在清净的地方，然后在考烈王面前赞美李园妹的好处。楚考烈王果然把李园妹召进宫中，而且宠幸异常。楚考烈王终于生了个男孩，马上立为太子，李园妹也当了王后。考烈王因此而宠信李园，李园也就掌握了朝政（公元前247年）。

李园既然使妹妹成为王后，外甥又成为太子，深怕春申君把内幕泄漏而更加骄傲，就暗地里养刺客，想杀死春申君来灭口。这些事儿，楚人也颇有知道的。

春申君当楚国宰相的第二十五年，楚太子才十岁，考烈王却病重不起（公元前238年）。这时说客赵人朱英鲁莽地跑去对春申君说：

"世间有意想不到的洪福，也有意想不到的奇祸。现在阁下处在变化无常的世界，侍奉反复无常的君主，怎么会没有意想不到的人出现呢？"

春申君问道：

"什么叫作意想不到的洪福呢？"

朱英说：

"阁下当楚国的宰相已经二十多年，虽然名义上是相国，实际上等于楚考烈王，而且五个儿子都当了诸侯的宰相。现在君王正生重病,早晚将死,太子又衰弱,一直卧床不起。阁下既是幼主的相国,因而摄政当国,可以像伊尹和周公一样,等幼主长大再让他亲政,否则也可以取而代之,南面称王,拥有楚国。这就是所谓意想不到的洪福啊!"

"什么叫作意想不到的奇祸呢?"春申君又问。

朱英说:

"那李园根本不是将相,只是楚考烈王的大舅子,既不是带兵的大将,却暗地里豢养刺客,由来已久了。君王死后,李园必定先入宫,按照预定计划夺取政权,并冒用君王的命令杀死阁下来灭口。这就是所谓意想不到的奇祸啊!"

"什么叫作意想不到的人呢?"春申君又问。

朱英说:

"阁下先任命我为宿卫王宫的郎中,等君王死后李园进入宫中时,我就替阁下以利剑刺入他的胸膛,把他杀死。这就是所谓意想不到的人。"

春申君摇摇头说:

"先生把这件事搁下吧!不要再谈了。李园的个性很懦弱,我对他又那么好,他怎么会那样毒辣呢!"

朱英说了这番不被采纳的话,心里很害怕,就赶紧溜走,逃得无影无踪。

只过了十七天,楚考烈王一死,李园果然先冲入宫中,在棘门内埋伏刺客。春申君后入宫,经过棘门时,李园的刺客从两边夹刺春申君,砍下他的头,丢到棘门外,滚得远远的。接着李园又派人杀光了春申君的家属。

李园的妹妹所生的儿子,也就是春申君的后裔,终于被立为

战国策：隽永的说辞

新王，这就是楚幽王。

同一年，秦国的始皇帝已经在位九年，才发觉嫪毐与太后私通。嫪毐起而叛乱，结果被夷灭三族，连相国吕不韦也被牵连而废为平民。

说难见诛（秦策五：四国为一将以攻秦）

燕、赵、吴、楚四国联军将要攻打秦国（公元前235年），秦王政召集群臣和宾客六十人讨论这件事，问道：

"四国组成联合阵线，要来攻打秦国。现在我处理国内的问题已焦头烂额，而军队在国外又连战连败，究竟该怎么办是好？"

群臣听了默默无语。过了一会儿，魏国客卿姚贾才挺身说道：

"我愿为大王出使四国，一定可以瓦解他们的联盟，阻止他们出兵攻秦。"

于是秦王政就拨给姚贾百辆战车，千斤黄金，让他穿戴上自己的衣冠，挂上自己的佩剑。

姚贾辞别秦王政，奔波于山东诸国，解散了合纵攻秦的谋略，还分别跟四国缔结盟约而成为秦国的友邦。姚贾回国复命，秦王政乐得马上封给他一千户，任命为上卿。

韩非偏偏在这个时候来到秦国（公元前233年）。他为了韩国及其他诸侯的利益，没有摸清楚情况，就在秦王政跟前进谗言。韩非说：

"姚贾拿着珍珠重宝，在南方吴、楚一带活动，又到北方燕、代之间游说,总共费了三年,秦与四国的盟约未必牢靠,而秦国府库中的珍宝已被用光。由此可见姚贾是利用王权和国宝在国外私自结交诸侯,请大王查究查究。况且姚贾本是魏都大梁一个守门吏的儿子,曾经在魏国偷过东西,后来在赵国做官又被放逐。选用这种人和他商量国家大事,绝不是鼓励群臣的上策。"

于是秦王政把姚贾叫来,责问道:

"听说你拿我的珍宝私自跟诸侯勾搭,有这回事吗?"

"有呀!"姚贾答得很爽快。

"既然有,你还有什么脸来见我?"秦王政骂道。

姚贾回答道:

"由于曾参孝顺父母,全天下的父母都希望曾参做自己的儿子;由于伍子胥忠于君主,全天下的君主都希望伍子胥做自己的臣子;由于贞女巧于女红,全天下的丈夫都希望贞女做自己的妻子。现在姚贾忠于大王,可是大王不了解,既然这样,我不去投靠四国,又能到哪里去呢?假如我不忠于大王,那四国的君主又怎么肯重用臣呢?以前夏桀听信谗言而杀死良将关龙逄,殷纣听信谗言而杀死忠臣比干,最后都落得身死国亡。假如大王现在也听信谗言,就不会有忠臣了。"

"呸!你不过是个看门卒的儿子,魏国的大盗,被赵国驱逐出境的罪臣!"秦王政数落他。

姚贾面不改色地说:

"是!是!姜太公就是被老妻赶出门的齐国人,在朝歌卖肉卖到肉都发臭的屠夫,被子良驱逐出境的罪臣,后来在故里棘津想要打零工都没人要,周文王用了他,就缔造了王业。管仲,不过是出身荒野的奸商,曾经在南阳投靠无门,在鲁国又俯首于囚车,齐

战国策：隽永的说辞

桓公用了他，就称霸天下。百里奚，不过是虞国的乞丐，曾经以五张羊皮的低价被辗转抛售，可是秦穆公任用他为宰相，就能称霸西戎。晋文公任用中山的盗匪，也在城濮大败楚军。这四位贤士，出身卑贱，身负恶名，受到天下人的歧视，但明主任用他们，因为知道他们能够建立丰功伟业呀！他们要是像卞随、务光、申屠狄这些隐士一样躲起来，那么人君又怎么能任用他们呢？由此可见，英明的君王不计较臣子出身的微贱，也不计较他们以前的罪过，只考察他们是否能够为己效命。凡是能够开创国家不朽基业的君王，即使有外来的谗言，也不会采信，即使有响遍天下的名声，没有功劳也不赏他。能够如此，群臣就不敢对大王有不合理的要求了。"

秦王政听了，转嗔为喜，说道：

"确实如此。"

于是秦王政再度重用姚贾，口吃的韩非不久就被杀了。

图穷匕见（燕策三：燕太子丹质于秦亡归）

燕太子丹在秦国当人质，却逃回燕国（公元前232年）。眼见秦将吞灭六国，军队已经攻打到易水，恐怕亡国惨祸就要降临。太子丹为此而忧心如焚，刚踏进国门，就对自己的太傅鞫武说：

"燕、秦势不两立，希望太傅能设计一套办法！"

鞫武回答说：

"秦国的土地遍布天下，如果威胁韩、赵、魏三国，燕国易水以北的地方就不得安宁了。为什么念念不忘被人凌辱的小怨恨，想冒极大的危险去触击秦王政的逆鳞呢？"

"既然这样，怎么才能避免秦祸呢？"太子丹问。

"请太子进去休息吧！让我来想想。"太傅说。

过了一段时间，秦国的樊於期将军逃亡到燕国来，太子丹收容了他。太傅鞠武谏诤道：

"不能这样！那秦王政暴虐无道，早就怨恨燕国，已够令人恐惧心颤，又何况知道樊将军在燕国被收留呢！这就是所谓把肉摆在饿虎必经的路上，燕国的祸患必定无法拯救了，即使管仲、晏婴再世，也会束手无策的。希望太子赶紧把樊将军遣送到匈奴去，以杜绝秦国攻燕的借口，然后跟西方的韩、赵、魏三国订约，跟南方的齐、楚结盟，跟北面的单于缔交，这样才有一点希望。"

太子丹说：

"太傅的计划，要费很多时日。我内心已昏乱如麻，不知道您的计划好不好。不过，恐怕灾祸很快就会降临，一刻都不能再等了。而且还不止这些哪！那樊将军因为走投无路才来投靠我，我绝不会因为强秦的胁迫，就把我可怜的朋友赶到匈奴，我宁肯因此而结束我的生命。但愿太傅再另谋他计吧！"

鞠武说：

"燕都蓟丘有位田光先生，他的智略勇气深沉，太子可以和他密商。"

"希望透过太傅的介绍，和田先生结交；可以吗？"太子说。

"那当然！"鞠武回答。

鞠武就去拜访田光，描述太子的心境，然后说：

"太子想跟先生商量国事。"

"恭敬不如遵命！"田光说。

次日鞠武就陪田光去拜见太子。太子跪着迎接他，侧着身倒退引路，又跪着替田光拂拭坐席。等田光先生坐好了，左右一个人都没有了，太子才避开自己的席位，毕恭毕敬地趋向田光请教道：

"燕与秦势不两立，希望先生多多留意！"

田光说：

"我听说骐骥在壮盛的时候，一天能奔驰千里，等到衰老的时候，劣马都跑得比它快。如今太子所听到的是壮盛时的田光，却不知道我的精力已消失了。虽然如此，田光不敢因此而忽略国事。我有位好友叫荆轲的，可供任使。"

"希望通过先生的介绍，和荆轲结交，可以吗？"太子说。

"那当然。"田光回答。

田光马上站起来快步走出去。太子丹一直送到门口，叮咛道：

"我报告的，以及先生所谈的，都是国家最高机密的大事儿，请先生别泄漏了。"

"好的！"田光低着头笑笑说。

于是田光弯腰曲背地去找荆轲说：

"我田光和你是好朋友，燕国没有人不知道。如今太子听到我壮盛时的能耐，却不知道我的形体已经不及当年，还幸蒙指示说：'燕、秦势不两立，希望先生多多留意。'我田光私下不把你当外人，就把你推荐给太子，希望足下前往宫中见见太子。"

"遵命！"荆轲说。

田光又说：

"我听说长者的行为，不使人怀疑。现今太子却叮咛我说：'所谈的是国家最高机密的大事，请先生别泄漏了。'这就证明太子怀疑我了！一个人做事却叫人怀疑，就不是有气节的侠义之士。"

田光想用自杀来激励荆轲,继续说道:

"希望足下赶快去拜见太子,就说我田光已经死了,借此表明我不会泄漏国家机密。"

田光说完话,就自刎而死。

荆轲于是去见太子,报告田光已死,并传达田光不会泄露机密的遗言。太子丹一听这话,就再拜下跪,一边跪着走一边流着泪,哽咽了一会儿,断断续续地说:

"丹之所以请求田先生不要讲出去,是想完成大事。如今田先生竟以死来证明不会泄露机密,这怎么是我的本意呢!"

荆轲坐定以后,太子避开自己的席位,向荆轲磕头说:

"田先生不知道我无能,才使得我能在先生跟前讨教,这是上天哀怜燕国,不遗弃孤立无援的我呀!现在的秦王政心如虎狼,欲望永远不能满足,除非占尽全天下的土地,征服全天下的诸侯,他绝不会停止侵略的。如今秦国已俘虏韩王安(公元前230年),吞并韩国全部土地。又派兵往南方攻打楚国,往北方逼临赵国。秦将王翦率领数十万大军进逼漳水、邺城,李信更出兵赵国的太原和云中等地。赵国一旦支持不住,就会投降秦国。赵投降秦国后,那大祸就要降临燕国了。燕国弱小,以前屡次为秦军所困,现在即使全国总动员,也不足以抵挡秦国。何况天下诸侯已屈服于秦国的兵威,不敢出面组织合纵联盟了。"

"我私下有一个计划,我认为要是能得到天下杰出的勇士,派他出使秦国,用重利引诱秦王政。秦王政贪图礼物,必然能达成我的愿望了。要是能劫持秦王政,迫他退还所侵占的诸侯土地,像曹沫劫持齐桓公一样,那是最好不过的。假如不能如此,那么当场就把秦王政杀掉。这样一来,那些秦国大将在外专擅兵权,而大臣在国内争权夺利，秦国君臣就会互相猜疑。我燕国乘机联合天下诸侯而重组合纵之盟，必然能够达成我击败秦国的心愿。这是我最大的心愿，却不知道如何来实现，希望荆卿多多留意。"

沉吟了良久，荆轲才说：

"这是国家的大事，我庸碌无能，恐怕不能胜任。"

太子丹向前磕头，力请不要推辞。荆轲终于勉强答应下来。

于是太子丹就尊荆轲为上卿，安置在上等的宾馆住。太子每天都来请安，供奉最好的猪羊牛肉和珍奇的宝物，间或奉上车马美女，任随荆轲所欲，极力讨荆轲的欢心。过了很久，荆轲还没有出发的意思。秦将王翦已经攻破赵国，俘虏赵王，吞并赵国领土（公元前228年），更继续挥军北侵，到达燕国南面的境界。太子丹更加恐惧，就向荆轲请求说：

"秦兵早晚就要渡过易水，那么即使想长期侍奉足下，又怎么可能呢？"

荆轲说：

"不等太子来提起，我也希望去谒见秦王政了。但是现在去而没有值得秦王政信任的东西，也没办法接近秦王政的。如今那樊将军，秦王悬赏千斤赏金和万户封邑，如果能够割下樊将军的脑袋，加上燕国督亢的地图，拿去进献给秦王政，秦王政一定会欣然接见我，我才能报答太子的重托。"

太子说：

"樊将军穷途末路才投奔我，我不忍心为了一己的私利而做出这种不够朋友的事。希望足下再想其他的办法吧！"

荆轲知道太子不忍心，于是就私自去见樊将军说：

"秦王政对待将军可说是太过分了，父母宗族都被屠杀。现在听说已悬赏千斤黄金和万户封邑购买将军的头。将军将怎么办呢?"

樊将军仰天长叹,流着泪说:

"我每当想到这些事,常常痛彻骨髓,只是不知道怎么办才好!"

荆轲说:

"现在有一句话,可以解除燕国的祸患,又可以报将军的血海深仇。不知将军意下如何?"

"怎么做呢?"樊於期趋前探问。

"希望得到将军的头,拿去献给秦王政,秦王政必然高兴得要亲自接见我。我就左手抓住他的袖子,右手把剑刺进他的胸膛。如此就报了将军的仇恨,而燕国被欺凌的耻辱也洗雪了。"荆轲停顿一会儿,又说,"将军难道有意吗?"

樊於期拉开衣领,露出脖子,紧握着手腕,神色萧索地说:

"这是我日夜咬牙切齿苦心积虑所想的事,如今才得到阁下的提示!"

樊於期一说完话,当场自杀而死(公元前228年)。太子丹知道以后,赶往抚尸痛哭,哭得很悲恸。既然已是无可奈何的事,就割下樊於期的头,装进木匣子里封起来。

早先太子就预先探求天下最锐利的匕首,找到赵人徐夫人的匕首,以百金之价买下,再叫工人用毒药淬染它,拿这把匕首来试人,只要流出一点血,人没有不立刻死的。这时太子丹终于请出匕首,由荆卿亲自谨慎地卷进督亢图内。

太子丹兴奋地为荆卿赶办行装,准备立刻派遣他出使秦国。

燕国有位勇士叫秦武阳,十三岁时杀过人,人都不敢横眼看他。太子丹很赏识他,决定派他为副使。

荆轲并不急着出发,他在等一个人,准备跟那个人一起去秦国。

那个人住得太远,一直还没来到,荆轲为他而逗留,老是不肯动身。

过了很久,荆轲还是没动身出发。太子嫌他太慢了,怀疑他改变了主意,于是再度请求荆轲说:

"日子已经不多了,荆卿难道没走的意思吗?我就先派秦武阳走吧!"

荆轲勃然愤怒,大声呵责太子说:

"今日,如果有去无回,岂不变成无知的竖子?如今要提一把匕首,深入不可测的强秦,我之所以逗留不走,是为了等待一位壮士。现在太子既然嫌迟,那我就决定出发了!"

荆轲即刻出发(公元前228年)。太子及宾客知道这件事的,都佩戴白色的丧服为荆轲送行。来到易水边头,祭罢路神,荆轲终于踏上征途。送行的人不忍离别,再相送一程。荆轲的好友高渐离边走边击筑(弦乐器,以竹击弦),荆轲和着歌唱,唱的是苍凉的声调,唱得送行的人们都垂泪涕泣,再向前走,荆轲又唱道:

风萧萧兮易水寒,
壮士一去兮不复还!

接着荆轲又唱起慷慨激昂的悲壮歌声,送行的人听得眼珠鼓起,怒发都上冲冠帽。于是荆轲上车走了,终不回顾一眼。

到了秦都咸阳,荆轲先用一千斤黄金的重礼贿赂秦王政宠臣中庶子蒙嘉。蒙嘉向秦王政奏报说:

"燕王喜震惧于大王的威严,不敢起兵抗拒大王,情愿全国为秦的内臣,比照诸侯的地位,如郡县般进贡服役,只求能奉守先王的宗庙。燕王喜恐惧过度,不敢亲自来陈情,特别砍下樊於期的

图穷匕见

头，并且献上燕国督亢地图，用木匣封好，燕王喜又亲自拜送于朝廷，才派使者来觐见大王。如今正等待大王的命令。"

秦王政听了非常高兴，就穿上朝服，隆重地摆设迎上宾的礼仪，在咸阳宫接见燕使者（公元前227年）。

荆轲捧着盛樊於期头的木匣，秦武阳捧着装地图的木匣，依次走进咸阳宫。到了宫殿的台阶，秦武阳突然脸色变白，手脚抖颤，群臣见了都觉得奇怪。荆轲回头向秦武阳笑一笑，再向前跪拜，替秦武阳谢罪说：

"北方的粗人，没见过天子宫殿的威严，所以紧张恐惧。恳请大王稍为宽容他，让他在大王面前完成使命。"

秦王政对荆轲说：

"起来，拿出武阳所持的地图。"

荆轲拿出地图卷轴，捧着献给秦王政。秦王政一副志得意满的样子，安闲地坐着，就荆轲的手中拉开地图来看，一寸一寸拉开，很快地，图尽而露出匕首。荆轲左手拉住秦王政衣袖，右手抓紧匕首猛刺，却没刺中。秦王政大惊，仰身后退爬起来，衣袖被拉断了。秦王政赶紧拔剑，剑太长，一时恐惧紧张，剑鞘又紧，不能立刻拔出，只握着剑鞘。荆轲追杀秦王政，秦王政绕着殿柱跑。群臣都吓呆了，事情仓促发生，出乎意料，所以都不知道怎么办。按秦国法令，群臣侍立殿上的，不得佩带任何兵器，而负责带武器守卫的郎中又都站在台阶下，没有秦王亲口诏令，不能上殿。正当情况紧急，秦王政也来不及召殿下的兵，荆轲因此才能追逐秦王。秦王政在猝然间惶恐万分，没有东西反击荆轲，竟然空手和他搏斗。这时御医夏无且(jū)用他所拿的药囊掷荆轲。秦王政还是绕着殿柱跑，仓皇失措，不知怎么办。这时左右侍臣才高喊：

"大王背剑！大王背剑！"

秦王政把剑鞘推到背后，终于拔出剑来反击荆轲，一剑砍断荆轲的左腿。荆轲负伤倒地就用匕首投掷秦王政，没刺中，中在殿柱上。秦王政再度砍击荆轲，狠狠砍了八下。荆轲自知事情已经失败，靠着殿柱盘脚而坐，凄厉地狂笑几声，高声骂道：

"事情之所以不能成功，是因为要生擒你，胁迫你订下归还侵地的契约，借以报答燕太子！"

左右侍臣趋前杀死荆轲后，秦王政的眼睛还晕眩了好久。

过后秦王政论功行赏群臣，应该加以处罚的也各有差等。秦王政赏赐夏无且黄金六千两，特加表扬说：

"无且爱我，曾用药囊掷荆轲。"

于是秦王政对燕国更加嗔怒，立刻增派部队到赵国，下令王翦率领全军讨伐燕国，结果十月就攻下燕都蓟城（公元前226年）。燕王喜和太子丹等文武朝臣，率领精兵退保辽东。秦将李信率军追击燕王。燕王采纳代王嘉的计策，杀死太子丹，准备献给秦王政，可是秦兵还是猛攻不停。五年后秦军终于覆灭燕国，俘虏了燕王喜（公元前222年）。翌年，齐王建入朝于秦而饿死，秦国终于统一了天下（公元前221年）。

后来荆轲的朋友高渐离，以擅长击筑（古代弦乐器，形似琴，有十三弦，弦下有柱），被秦始皇召见。虽因身份暴露而被弄瞎双眼，仍隐忍偷生，以重铅置筑中，等机会为燕报仇。在一次精彩的演奏会里，高渐离突然举起筑扑击近身的秦始皇，可惜没打中而被杀害了。